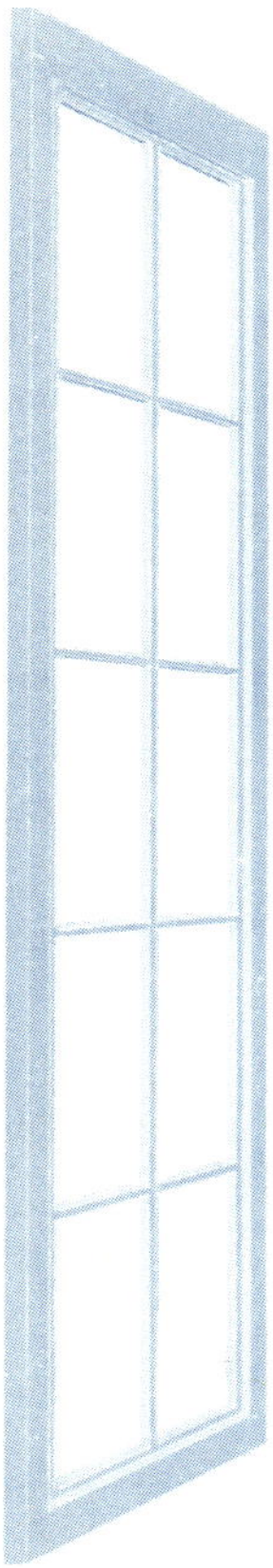

真実の扉

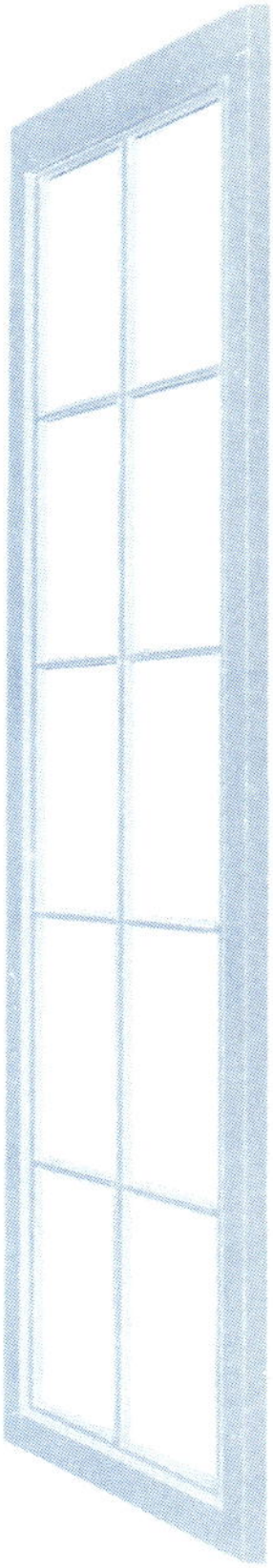

小金井弘之

扉を開ければ、私の人生——

真実の扉

healing art by John Iammatteo

心の扉を開く

私たちの過去の経験をはるかに超える無制限の叡智が、
私たち一人ひとりの中で発見できるとしたら、
どんなにか素晴らしいことでしょう。
私たちの生き方はこれまでとはまったく異なり
ひたすら純粋で無垢な自分を生きていく生き方へと
変化することでしょう。
過去を悔いず、未来に不安をもたず、
自分の中の「今」にアクセスする生き方へと変わるのです。
それはほんのちょっとした気づきからはじまります。
「時代」ではなく「次元」が変わる今こそ、その時なのです。

心の扉を開いて、
本当の自分の住む心のふるさとへと
アクセスしていきましょう。
そこにはヴェールを脱いだ本当のあなたが、
あなたへの贈り物をもって、じっと待っているからです。

はじめに

日本蕎麦《そば》を食するとき、蕎麦を汁に全部付けずに半分程度付けて食べるのが通の食べ方である、ということはよく言われることです。

私が東京神田の「藪《やぶ》」という有名蕎麦店で初めてセイロ蕎麦をいただいたとき、その蕎麦汁が思いのほか濃く、自然と蕎麦汁に蕎麦を半分程度付けていただいていました。

このとき、「ああ、むかしの江戸の蕎麦はこういう濃い汁で食していたんだな」と思いました。しかし今の市井《しせい》の蕎麦店のように甘く薄い蕎麦汁でいただくのなら、やはり蕎麦は椀の汁にどっぷりと付けていただきたいものです。

なにかの仕来たりや決め事には、必ずそのときの前提となる背景があるものです。

〝こだわりの逸品〟などという言葉をよく耳にします。この〝こだわり〟という言葉からどんなエネルギーを連想されるでしょうか。料理人が選ぶ食材にしろ、人の生き方にしろ、人は何らかのこだわりをもって行動することはよくあります。それは「これは絶対にこうだ」という一つの信念と言えるかも知れません。そしてそういう信念をもって生きることはとても大切であると多くの人は考えています。

しかしこの書は、そういった一般的な常識とは逆に、「こだわりや、執着を伴った信念をもたないであるがままに生きるほうが、人は人生を自由に生きることができる」ことを意図したものです。

執着の宿った信念が、さらには既存の常識が、こだわりとなって私たちの自由な判断を制限するとき、人はありのままの自分となって、自分の中の神聖を表現しながら日々の生活を営むことができなくなってしまうからです。

世間では多くの人が盛んに「既成概念を捨てよう」と説いているにもかかわらず、実際にはそう説いている人のほとんどが、自分がどれだけ多くの既成概念にこだわり、縛られているのかにまったくといっていいほど気づいていないかのように思えます。そして過去の記憶から離れられずに生きているかのように思えます。

既成概念に対するこだわりを捨てるということは、生半可のことではとてもできることではないからです。

世間では多くの人が既成概念を一部の考え方や判断基準のようにとらえているようですが、

読んで字のごとく、（人間が作り出してきた）既に成りたっている概念のすべてを指すのです。その中には私たちが常識と思っていて普段は何の疑問も抱かないことが多く含まれているのです。しかし人が既成概念の本当の意味を正しくとらえていないので、結果的には人類のほとんどが知らず知らずに既成概念に縛られながら日常生活を送っているのです。

私たちは幼い頃から親や学校の先生から様々の教えを授かってきました。たくさんの本を読んで知識を詰め込み、解答用紙には何の疑問ももたずに記憶した答えを書き込んできました。大人になっても先進の言葉に耳を傾けたり、多くの書物を読んだりして知識や教訓を学び、人生を歩んできました。つまり、自分がどう生きたらよいかの答えを自分の外に求める学び方を、幼い頃から大人になるまで当たり前のように続けてきたのです。そして多くの人は、それこそが人が成長する最善の方法であるとさえ思い込んでいます。

そのために今も、既成の知識に対してもってしまう依存心からなかなか離れられずに、自分の外ばかりに目が行ってしまっています。そしていつの間にか多くの人は、「本当に頼れるものは何か」ということを思い出すことなく、人生を終えてしまうことが多いのです。

しかし知識は、それがどんなに素晴らしい真理と思えても、人が言った真理も、本に書いてあった真理も、すべての真理は知識となったとき既に既成のものなのです。知識は、それがどんなに見聞を広げるものであっても、それは同時に、物事を過去という時間の世界から計り知ろうとしている、という事実を超えることはできないのです。

このような既成の知識で覆われた概念から解放された純粋で無垢な心を取り戻したとき、人は本当に頼りになるものの声を聞きながら、あるがままの自分を生きることができるのです。そのとき私たちはハッキリと知ることができるでしょう。真理は既成のものの中には存在していないことを。

既成概念を捨ててあるがままの自分を生きるということは、すべての既存の知識から解き放れ、純白な心で瞬間瞬間に一人ひとりの中に生まれいずる真理を受け入れながら生きることで、これを〝今を生きる〟と言います。

世間では頑固な信念を美徳とし、横並び的な常識を良識とする風潮がありますが、実は多くの場合、こういった見識が既成概念そのものとなって、「既成概念に縛られている自分」に気づかせなくさせているのです。信念も常識も、普通は否定されることなどあり得ないからです。

しかしもしも、人の言う常識がそれほどまでに完璧であり、こだわるべきものであるのならば、この世の秩序を取り仕切る常識に成り立つ地球社会に、なぜこれほどまでに多くの戦争や混乱がもたらされてきたのでしょうか。国の常識と国の常識が、そして民族の常識と民族の常識が、いとも簡単に反目し合っているではありませんか。それどころか、同じ常識をもつ国や民族の中ですら、混乱は常に発生しているではありませんか。そしてその戦いや混乱を推し進め、世の中を混沌におとしいれているのが、本当の自分を離れたところからきている強固な信念である場合がほとんどなのです。聖戦の元になされる宗教戦争などはその顕著な例です。

ある国のイデオロギーや民族の信仰が、同じように他国や他民族の常識とはならないということなのです。それと同じように人の生き方も常識も、人によって異なるのは当たり前のことなのです。問題が起きるのは、私の国の常識を、私の民族の信仰を、私の生き方を、唯一普遍の常識として人に押し付け、人それぞれの自由な発想と生き方を認めないところにあるのです。そして世間では当たり前のことである常識と言われているもののほとんどが、実は自分を離れたところから発生してきているということに――物心ついた頃には既に生き方の枠組みとして設定されていたということに、お気づきでしょうか。

自分の人生は自分のものです。人は常識に操られて生きるものではありません。

現代の常識から解き放れることなしに、心のふるさとにアクセスし、真の自分を発見することなどできないのです。

例えば（詳しくは本文に譲りますが）、現代の常識のひとつに「競争原理」があります。競争原理というのは「人も社会も自由に競い合ってこそエネルギッシュに生きられ、成長する」という見識と言えます。より発展するには自由な競争が不可欠だ、という見識と言えましょう。

このように私たちの社会生活は他と自分を比較し、他と争うことが常識とされているように見受けられます。多くの人は互いが競い合うことで人も社会も成長すると思っています。

「リベンジ（復讐）」という言葉がもてはやされる今日は、その中で最後に残った者が人生の勝利者であるかのように規定されています。そして大人たちは、人に競り勝つこと、一番になることの大切さを子供の心に教え込んでいます。

競争原理というこの現代の常識は、ほとんど疑われることなく野放しであり、放縦《ほうじゅう》な自由を謳歌しています。

確かに、人間が生きるには何らかのエネルギー源が必要なのですが、それを競争心から吸い上げるのが一番であるとする考え方は、余りにも人間の本質とエネルギーの本質を正しく見据えていません。これこそが「既成概念」なのです。

実は競争原理だけではなくて、議会制民主主義も、貨幣制度も、義務教育という常識も、新しい地球にたどり着く過程で経験する、ひとつの秩序体系にしかすぎない可能性が強いのです。既成概念を捨てるということは、これほどの大胆な意識転換にも抵抗を示さずに、すべての枠から解き放れ真理を探求しようという純粋な心が必要となるのです。

果たしてどれだけの人が今後、ユートピアとして間もなく訪れようとしている新しい地球に向け、これまでの世の常識を白紙に戻し、本当の自分を取り戻す中で理屈抜きで真の平和の秩序体系に到達することができるのでしょうか。

確かに大変な作業です。心から生まれ変わる決断をしない限りはなかなかむずかしいかも知れません。真理を探究して、仮に自分の中でそれを理解しても、それを今の地球社会の中で実践することは物理的にも精神的にも莫大なエネルギーを消費しなければならないからです。それぐらい世の常識の壁は厚いのです。

「何かこの世は変だ」「何だか分からないが、この世の秩序に添って生きることが自分には馴《な》染《じ》めない」……と感じ、「よし、それでは思い切って自分を表現してみるか」と行動すると、現代では常に社会を敵にしなければならないような辛さが自分に返ってきてしまうものです。たとえ今はまだマイノリティとはいえ、そのように感じて生きている人が増えてきています。

この本を手に取ったあなたも、その中のひとりなのかも知れません。これは本人にとっては辛いことでも、そのような人がいるということは、地球にとっては朗報なのです。

そう、安心してください。この世の秩序に合わなくて、本当の自分が住む心のふるさとにアクセスし、生きようと努力する中で苦しむ自分を、たとえあなたが不幸と思っていても、本当は誰よりも幸せ者である可能性が高いのです。その理由は既にあなた自身のふるさとが知っているのです。そのことをこの書を読み進むに従ってきっと思い出していただけることでしょう。

この書は、こういったいままでの既成概念を「何か変だな」と感じ、心の壁を乗り越えようとしている方々に手に取っていただくことを願いつつ、新しい地球での生き方を探り、苦しみのエネルギーを前向きのエネルギーへと転嫁することのできる意識転換の一助となることを意図したものです。

ここで例えた競争心などの既成概念も、他者と自分を比較することで成り立つエネルギーの使い方なので、それは常に他者を気にしながら生きるということになり、新しい地球での基本的な生き方である、あるがままの自分を生きることへの大きな障害となるのです。

そしてあらゆる常識の呪縛から解き放れないと、人は本当の自分の道をまっすぐに歩くことができないのです。

ここ数年、世の中は本当に大きな変化を見せてきました。そして今後数年の間にもっともっと大きな変化を私たちは体験することになるでしょう。そこには当然、大きな産みの苦しみが伴うことも視野に入れておかねばならないのです。

今、〝時〟が近づいてきています。すぐ近くまで。そして今、人類は〝その時〟に備えなければなりません。私たちが役割を演じている地球という舞台それ自体が、競争のない神聖な舞台へと変わりつつあるからです。

急速に神聖な舞台へと変化する地球の中、神聖な舞台で演じられる役者は神の意思をもつ高次の自分とつながった、物事にこだわらない神聖な心のもち主でなければなりません。

〝その時〟に備えるのは、進んだ科学や軍備ではありません。幸福の法制度を作りだすことでもなければ、そのための知識でもありません。備えるのは自分の周りにあるものではないのです。それは自分の中にある〝心〟、人類一人ひとりの〝心〟なのです。私たちの心を〝その時〟の次にくる新しい地球に対応できる叡智ある心、それにふさわしい新しい心へと生まれ変えていかなければならないのです。

この舞台で私たちが役割を演じるためには、我（が）を捨てて、私たちの心のふるさとである真の吾（われ）の声に従う勇気をもつことが必要なのです。それは、私たちが良心と呼んできたエネルギーの源であるかのように思えます。心を洗い、謙虚で純粋な心を造ることによってそれは可能となるでしょう。たとえ一瞬であるにせよ、本当の自分が誰なのかをそのとき私たちは理解し、本当の自分を体験することができるのです。

そして自分の中の光に嘘をつかずに忠実であれば、明日への不安も、昨日の後悔も必要なくなるのです。そのとき私たちには〝今〟しかなくなるからです。そのとき私たちはすべての恐れを克服し、真の自分をエネルギッシュに歩むことができるのです。

〝今〟を生きている瞬間こそが、私たちが私たちの神と直接つながる瞬間なのです。それは一瞬です。その一瞬一瞬の連続の中に常に新しいものとして真理は私たちの心に現れてくるのです。

私たちは今、気づくと気づかないとにかかわらず、人類が長年に亘って作り出してきた競争意識や虚栄心などに代表される「自分以外に目をやる生き方」から、「真の自分を探し出し、真の自分を生きる旅」に向かっています。

地球という、生命の本源から観ればバーチャル・リアリティの世界での調和も思いやりも、仮面を捨て、真の自分を生きることによって初めて実現するのです。

この書は、私が「宇宙の理」という光の子の集う雑誌に十年間にわたって毎月綴ってきたものの中から一部を選択し、リライトし、新たに多くを書き加えたものです。

皆様の勇気ある旅の一助となることを願いつつ、今、この書を手にされた光の子に捧げます。

私の名前は “I AM”

私は過去を悔い、未来を恐れていました。
突然、神様が話し掛けてきました。
「私の名前は “I AM”」
神様は、一呼吸おきました。
私は待ちました。
神様は続けました。

「あなたは過去の中に住む。過ちと後悔と一緒に。それは辛い。
私はそこにはいない。
私の名前は “I WAS（私はいました）” ではない。
あなたは未来の中に住む。問題と恐れと一緒に。それは辛い。
私はそこにはいない。
私の名前は “I WILL BE（私はこれからいます）” ではない。
あなたは今、この瞬間に住むことができる。そこは辛くない。
私はここにいる。
私の名前は “I AM”」

————読み人知らず

目次

［序章］ビッグバンの意図

CREATION

私は宇宙で唯一の生命

私は宇宙を創造した創造主である。私はこの宇宙で唯一の生命として存在していた。

しかしある日、私は思った。

もっといろいろな経験をしたいと。

私自身のことをもっと知り、様々な経験を通じて多くのことを学び、ありとあらゆるものを創造したかった。

しかし私は宇宙そのものであるがゆえに、私はその環境を私の外に求めることはできなかった。

私は私の願いを私自身の中に求めるしかなかった。

私は私の中でそれを学ばなければならなかった。

私は宇宙で唯一の生命であるがゆえに……。

そこで私は自分を知り学ぶという私の願いを実現するために、自分自身を分割する道をとった。

私は宇宙で唯一の存在であるがゆえに、私は私の顔も、私のうしろ姿も見ることができなかったからだ。

私は私自身を分割し、それぞれの私を通して全体の私を見るという方法をとることを思いついた。

その中で私は私自身の成長を試みることにした。

私自身を映し出す世界を作り、私自身が私を理解して成長するシステムを考えた。

いま、あなたたちが住んでいる世界も私が創りだしたそのシステムで動いている。

私の学びとあなたたちの学びは同じ過程をとっている。

自分が何者なのかを探りながら成長するという学びの道だ。

あなたたちの学びは私の学びの縮図なのだ。

学びの素材は多い方がよいと思い、私の宇宙の中に様々の私である宇宙を創りだした。

さらにその中で、私は私をできるだけ多く分割することにした。

また、私は創造主であるがゆえに、
私の子供たちにも自らが生命と意識を創り出すことのできる能力を、創造の力として与えた。

これが、私が「ビッグバン」を創造した意図だった。

私は私の中に無数の生命を創造した。

ありとあらゆる生命とその意識は、そのとき私が創ったものだ。

あなたたちの命の元もそのときできたのだ。

だからあなたたちも私なのだ。

あなたたちは私から分かれた命なのだ。

私はあなたたちの集合体であり、私は宇宙の魂なのだ。私は待っている。

私の子供たちが、自分が神であることを思い出して私に帰還し、私と合一する日を。

「解る」「判る」そして「分かる」

分別という意味で使われる「わける」という文字を書く場合、「別ける」と「分ける」の漢字が使われていますが、物事を知るという意味で使われる「わかる」にも、「解る」「判る」

「分かる」の三つの漢字が使われます。

漢字というものは表意文字とも言われているように、一つひとつが意味をもっています。現実には、今はこれらの漢字を用いるときにその意味を重んじて使用している人はあまりいないようです。手もとの辞書をひもといてみましても、これら五つの「語」はすべて「分」で統一できるように書かれてあります。でも、本来は微妙に異なるニュアンスをそれぞれがもっています。

まず、分別と言う意味での「別ける」「分ける」をみると、その意味は大きく異なります。

「別ける」は、元々は別であるものが集合していて、それをそれぞれに仕分けするという意味のようです。

「分ける」は元々はひとつのものを分割するという意味合いで、「合わせる・合成する」とは対となるニュアンスがあるようです。

一方、物事を知るという意味での「解る」「判る」「分かる」のほうは……

「解る」は理解するという意味でどんな意味かを知ることができるということです。

「判る」は判断の意味でどちらであるかを知ることができることです。ところが、「分かる」にはこの判断・理解に当てはまる言葉が見当たりません。しかしそこには神によって表意された意味が含まれていると思えるのです。

前述した「私は宇宙で唯一の生命」は、私がこの本を書こうと決めて間もなく、私の中にビジョンを交えて湧いてきた「意識のビッグバン」の想いを詩的に表現したものなのですが、このメッセージには「私たちは元々はひとつで成長のために分かれている者同士」という想いが示されています。

それゆえに「分かる」の意味として私は、〝元々ひとつのものが分かれているので私たちは既に通じ合っている。だからお互いの想いも伝わってくる〟と感じとることができるのです。私たちの旅は、このふるさとへの帰還なのです。

これはちょうど、人（神）によって分割されたジグゾーパズル（人）が、またひとつに合体する過程によく似ています。実際のジグゾーパズルと異なるのは、神とつながったそれぞれの自由意思でお互いとふれあい、お互いを感じながら帰還し、合体されるということです。

〝DIVINE〟と〝DIVIDE〟

このように私たちは「神が自（みずか）ら分けたもの」であり「自ら分かれたもの」でした。ですから〝私〟のことを「自分」と書きます。両者の合意です。だって両者は元々ひとつなのですから。いま私たちは単にそれを忘れているだけなのです。

神の分身である「自分」には、神の魂が宿り、神と直接通じる霊線があります。魂同士も分裂しているわけではなく、つながって（＝分かれて）いる家族です。全体の構成員です。だからよく「あなたの気持ちはよく〝分〟かる」と言ったりするわけです。

　こういった神の表意は漢字だけにあるのではありません。

〝ＤＩＶＩＮＥ《ディバイン》〟という英単語があります。これは「神のような」「神聖な」という意味です。そして、これとは何の関連もないような〝ＤＩＶＩＤＥ《ディバイド》〟という単語があります。こちらのほうは「分ける」「分かれる」という意味です（「別ける」ではない）。

〝ＤＩＶＩＮＥ〟は創造主としての「神」を表しています。「全体」を創り、司り、見渡す意識です。〝ＤＩＶＩＤＥ〟の方は、私の辞書によるとその語源は〝ＩＮＤＩＶＩＤＵＡＬ〟すなわち「個」とあります。

　この〝ＤＩＶＩＮＥ〟と〝ＤＩＶＩＤＥ〟の二つのスペルを見たときに私は、「ｎ」と「ｄ」以外は同じということに気づきました。ということで、この二つの言葉からは、〝ＤＩＶＩＮＥ〟と〝ＤＩＶＩＤＥ〟すなわち「全体」と「個」は異なるように見えても、ほとんど同じであるということが暗示されていると思われます。

　すべては〝ＤＩＶＩＮＥ〟から〝ＤＩＶＩＤＥ〟されていたのです。

　そして、私たちは分裂の原初から今日に至るまで、神のエネルギーの供給を受け続けており、今後も変わることなく続くのです。

真理は自分で理解するもの

さて、以上はこの本に書かれていることと読者とがディベート（討論）せずにこの本を読み続けていただくための大切な合意事項です。

霊的な根拠を、現象をもってして証明することはなかなかできないものですが、それでも、私はできるだけこの本を「科学的」に書こうと試みるつもりです。とは言え、けっして証拠を示したりして人を説得しようとも思いません。

「科学的」とは、実際にはサイエンスでもなければケミカルでもありません。科学的とは、分かるように、理解できるように、納得できるように表現する、ということです。決して証拠を示すということではありません。この本の中にも証拠は一切ありません。

動かぬ証拠を見せようとか、人を説得しようとかする想いのエネルギーは新しい地球にはもち込めないエネルギーです。〝説得〟というエネルギーについてはまた後でふれますが、そういう想いで文章をつづると、文章に良い波動をもち込むことはできないでしょう。

明るい未来を造ろうとしている宇宙も、私がそういうやり方をする限り、私を支援してはくれないでしょう。それでは私の中に神からの贈り物である未知からのビジョンやアイディアとしての気づきもやってこず、結局は読者の魂と私の魂がこの書を通して通じ合うという、この本の目的も達成されないと思えるのです。

もしも宇宙を創った創造神が本気になって霊的な証拠を人間に提示して真実を理解してもらおうとしていたのなら、とうの昔にできていたことでしょう。宇宙人はいるのかとか、ＵＦＯは存在するのかとか、あるいは様々な霊現象は本当なのかとか、そんな結論の出ない討論を延々と繰り返すことはとっくに無用になるほどの証拠を、いくらでも示すことができていたことでしょう。なにしろ、この広大な宇宙と、そこに棲《す》む生命を創ったのですから。

でも宇宙の意識は、進化の法則でもある宇宙の法則を尊重して、それをしなかったのです。証拠をもってして霊的真実を理解するというのは、自分の中で確信するということとは程遠いからです。

私がここで述べていることに関しましても、これらの情報は私にとっての真理として私の中にやってきたものなのですが、読者の方にとってはすべてが仮説であるわけです。私の中にやってきた情報が真理であると、私は読者の方を説得することはできませんし、そのつもりもありません。

しかしここで書かれていることをすべて仮説で終わらせるか、読者の方の真理を自分の中に呼び込むヒントとして利用するかは、読者の方の自由意思なのです。

魂をもって分かる人はそれを自分の中から分かる、分からない人、同意できない人はそれを認めないし信じようとしない、そういった現実は人の自由意思の結果としてあるのです。

良いとか悪いとかいう問題ではなく、必要なものは分かるが、必要でないものは分かる必要も同意する必要もないということなのです。

互いが立場を異にする相手を説得しようとしたり、自由意思をコントロールしようとしたりすることは今後の新しい地球の生き方ではないでしょう。分かるという本当の理解は、外部の証拠によって得るものではありません。本当に必要とする真の理解は、真理として常に自分の中にやってきて、未知からの贈り物として自分の中で分かる（伝えられる）ものだからです。

宇宙は私たちのそれぞれが、今は意識することのできない高い自分とつながることによって、自分の真理に気づき、それを分かることを望んでいるのです。それが霊的自立、自己の確立なのです。

真理は、一人静寂な心を保っているとき突然、前触れもなく、やってきます。

自分のことは自分でする、自分の真理も自分で見つける、というのがこれからの生き方の基本となるでしょう。

[第一章] エネルギーの法則

FOUNDATION

エネルギーのベルトライン

何年か前に全米のベストセラーナンバーワン小説になった『聖なる予言』という本をご存知の方も多いかと思います。数年前に私がこの書を読んでいたとき、私の中に非常に明快で具体的な情報としてやってきたビジョンがありました。

それは「縦の歯車のベルトと横の歯車のベルトとの連携」というビジョンです。縦と横に列をなした歯車が噛み合いながらエネルギーが流れているという情景でした。

これによると、生命は縦のベルトを通じて天よりエネルギーをいただくのですが、この縦の光は天より降りる神の無条件の愛であり、横に回転する隣人のベルトと歯車を噛み合わせ、横のベルトを押し出すように回転させていました。この縦のラインが私たちの生命活動の原動力となっている、という感覚を受けました。

そして横の回転は、縦の回転から与えられる神の光に依存するだけではなくて、いつの日か人は成長によって自らの意思で横のベルト（隣人愛）の回転数を上げ、そのエネルギーを分け与えていきます。すると縦のエネルギーは噛み合う横の歯車の回転によって、より高回転を実現し、更なるエネルギーを地上に引き込みます。横に対して「もっと上げたいもっと与えたい」という想いと、実際の横への奉仕によって縦の光のベルトの回転数も上がり、さらに多くの愛のエネルギーが巻き込まれるように天から流れ込むのです。そして天のサポートも大きく脹らむのです。

神の愛をより多く受け取るには、隣人愛を放出する横のベルトラインの歯車の回転によって、連結する縦軸の歯車を自分で回転させて神の愛の光を引っ張り込まなければならないようなのです。

なおさらに、横のベルトの回転を促進するほどに、運動で筋力アップするようにその回転力も必要に応じて育まれて（愛の器も大きくなり）、もっともっと大きな神の愛を流入させることができるようになる、というメッセージでした。神様は初めから人に差を付けて愛を分け与える気などなく、すべては人の意のままというわけです。

限界を信じる想像力は限界を創造する

しかし、現実はどうでしょうか？

現実社会の歯車はこれとは異なる回転を作りだしています。概《おおむ》ね人類は神の存在とその創造力を信じずに、縦軸と横軸の歯車の連結を無視して生きています。縦の光なくして人は生きていけないことを認めようとしません。

現代人は横のベルトからくるエネルギーだけを信じ、頼って生きています。「眼に見えない神の光なんか信じられない」と言うのです。

神の縦の光を認めないでいると、エネルギーは横からしかやってこないと思い込み、エネルギーを隣人に与えるどころか隣人から引っ張ろうとします。それがエネルギーを増やす唯一の道だと思うからです。幸福は人から奪うことができるものと思ってしまい、競争が生じます。加えてこの世は競争社会で、競争に勝たねば幸福もやってこないと思っている人々は、全員一緒に幸福になることなどあり得ないと思っているので、それがさらに競争意識に拍車をかけてしまいます。

競争意識は他者と自分とを比較するという意識を生みます。しかし幸福というものは、他者との比較で成り立っているものではないのです。「自分が幸福かどうか」ということにおいて、どうして他者との比較が必要なのでしょうか？

私たちはもう、人からエネルギーを奪うという癖を止めなければなりません。間もなく訪れる新しい地球に住む人々は、幸福を呼ぶエネルギーの源は隣人にはないことを知っています。たとえ隣人からエネルギーが来ても、その元は天にある永遠の源にあることを知っています。自分が隣人に無限に愛と癒しを与えればこそ、自分も神から巡る愛と癒しによって限りなく愛されるという〝十字架〟の法則を知り、その教えを実践する人々です（十字架の縦軸は神の愛、横軸は隣人愛を象徴しているという観点より）。

お金にしろ物にしろ、三次元で認識される富はエネルギーの入れ物であり、エネルギーそのものではありません。実在するエネルギー自体の本籍は三次元にはないのです。有限である地上の物質ではなくエネルギーの本質は無限の世界からくるのです。

しかし、人々はエネルギーと物質を同一視し、富のエネルギーは「地上にしか存在していない限りあるもの」と観念づけています。そして限りある富を獲得しようと競争原理を信奉する現代では、人からエネルギーを奪うということが当然のように黙認されているのです。しかし、そんな世界には自ずと限界があるのです。

エネルギーは無限ではなく限界がある、との恐れが現実にエネルギーの限界を作り出すからです。富としてのエネルギーのあり方、増減、それ自体も人の心の反映なのです。

自分のエネルギーはなくならないようにと、人に流れないようにと塞き止めておきながら、他人からはエネルギーを奪おうとするのですから、縦軸からやってくる新しいエネルギーが生まれることのない「有限の現実」を創りだすのです。そして、人はいつも互いに自由を奪い合い、不自由を生み出しているのです。

エネルギーには限界があると信ずる世界では、エネルギーを出し惜しみ、新しいエネルギー源を次々と自分の周りに探し求めなければならず、エネルギーの獲得に大変な苦しみと努力を伴うことになるのです。

繰り返しますが、生命を生かすエネルギー源は天にあることを認識して、天からいただいたエネルギーを開放しようとしない限りは、天のエネルギーのさらなる流入を拒絶していることになります。「他者を愛さずして神から愛される」ということは起こり得ないのです。まして人からエネルギーを奪おうとしてはなおさらです。

しかし、人類の歴史はこれまでその繰り返しでした。それでも神の公平なる慈悲として、生命を維持する分のエネルギーだけはいただいて来ましたが、進化はなかなか進みませんでした。

今後、人々は心を洗い清めることで波動を高め、それによってヴェールの向こうに住む本当の自分と一体となり、自らの「意志」によって意識的に光を多く取り組み進化を作り出す時代へと入るでしょう。

エネルギーは溜められない

昔、「電気は溜められないから大切に」という電力会社のテレビコマーシャルが流れていたのを見たことがあります。電力というのはエネルギーであるということは万人が認めることですが、実はエネルギーにはいくつかの同じ法則が働いているようで、そのひとつがこの「溜められない」ということのようなのです。

また、「常に動いている」という法則も働いています。そして「常に変化する」という法則も働いています。エネルギーの源は物質にはないので目で見ることはできないものの、エネルギーには仕事を継続しながらより高度なものへと変化する過程で、自らの乗り物を変えていく性質があると言えるのです。

米国人のジャック・パーセルがチャネルするスピリットであるラザリスは、エネルギーの変化形態を『ラザリス・聖なる旅』（ワン・ネットワーク発行）の中で「変形」「変容」「超越」として以下のように概念付けます。

「変形」本来的な価値は同じでも、その人にとってより価値のある類似の形へと変えること。

ラザリスは、コインしか使えない自動販売機から1ドルの飲み物を買うために10ドル紙幣を1ドルコインに両替する行為に譬えています。

「変容」ずっと役に立つ、しかし価値の異なった非類似の形へと変えること。

両替した1ドルコインが自動販売機から買った飲料となることに譬えています。

「超越」本質的な意味で、オクターブ上の形へと変わること。

自分自身をもっとすぐれたもうひとつの形へと変えることと言い、飲料を摂取することが肉体的にも精神的にも渇きから癒すことに譬えています。

今、この本を読むために灯っている頭上や手もとの電灯を見てください。光は止まっているように見えても、実際には次々と光が送り込まれ放射されています。エネルギーは常に動いているからです。光という形にまで変容したこの電灯のエネルギーは、電球の中の光に到達するまでには様々な形への変容を経過してきました。

少し前までは火力電力の火の中にあったり、水力電力の水の中にあったりしました。その前は雲にあったかも知れません。このようにエネルギーが仕事をするとき、常に流れていてとどまることはしないのです。頭上や手もとの電球へも休むことなくエネルギーが補給され、熱へ、光へと変化しています。

エネルギーはこのような性質をもつのですが、前述した譬えでラザリスは、まるでお金がエネルギーであるのを当然のこととして、その紙幣からコインへの「変形」と、コインから飲料への「変容」を示しました。しかしお金がエネルギーであるということをどれほどの人が理解していると言えるのでしょうか。

エネルギーを塞き止める反面教師

お金がエネルギーであるということにふれる前に、私たちの日常生活の中でエネルギーの流れを塞き止めてしまう譬えをいくつかあげ、身近なエネルギーの流れを考えてみます。

〈貧乏性〉

私はタバコを止めてから15年になります。それまでは毎日60本以上を吸うヘビースモーカーでした。お酒が入ると一箱がすぐになくなりました。これだけ吸うと常にカバンや机の中にストックをもっていないと不安でした。ですから、ヘビースモーカーの気持ちは今でも良く分かります。

このように私は貧乏性なので、雑誌に定期的に原稿を書く場合でも、以前は常に早めに原稿を書いてストック（エネルギー）としてもっていたいと思い、実際そうしていたことが多いのです。しかし、エネルギーのストックは新しいエネルギー（アイディア）の流れを塞き止めることが経験として分かってきました。

ですから私は今、古いエネルギーであるストックをどんどん惜しまずに書いて開放し、執筆の新しいアイディアをいただく準備をすることに努めているのです。

エネルギーを必要以上に溜める行動は未来への不安からきているので、それは今を生きていないことの証となるのです。不安は、今にしか存在していない神を疑う心の現れでもあるのです。それでは神と共に生きる中で神から執筆のアイディアのエネルギーをいただくということはできないのです。

〈秘伝の味〉

飽食時代の今、美味いレストランの味を紹介するテレビ番組が多くあります。このような番組では「秘伝の味」という言葉を耳にすることがよくあります。実際に番組を見ると、自分が苦労して探し当てた味の作り方は、簡単には他人に教えないので「秘伝の味」となるようです。「自分の味は自分で見つけて欲しい」「安易に人に頼らずに自分の道は自分で切り開いて欲しい」という意味であえて人に教えないのなら良いのですが、実際の動機は競争意識から人に教えないという人がほとんどのようです。

しかし、我欲から智恵（エネルギー）を秘密にするのではなくて、皆が美味しいものを作れるようにと、他へ智恵を分け与えることで智恵は流れ、巡り、人に教えた智恵以上に素晴らしいアイディアが新たに天から降ってくる——自分の中から湧いて来るものなのです。

〈売上の貯金〉

財界人である鉄鋼王のカーネギーは「他人の利益を図らなければ自らも栄えない」との哲学をもっていました。これは正にここで言う〝エネルギーの法則〟であります。

売上追求や利益追求を至上とする企業やその営業職場全般でよく行われるのが、売上（＝伝票＝お金）の貯金です。目標を上回った売上を次月（次年度）に繰り越して、先の予算を楽にしようとすることです。

個人、部署、時には会社ぐるみで売上を停滞させます。エネルギーの法則からは、我欲の貯金はエネルギーの流れを塞き止めます。ですから新鮮なエネルギー（売上）は、流れたくとも器の中に入れてもらえずに吹きこぼれます。

頭の中を空っぽにして今を生きないと真理は入ってこないように、未来に不安をもって売上を溜め込んでいたのでは新たな売上を創造する道をせき止め、エネルギーの循環を拒否するということになるのです。

売上は伝票を上げることでエネルギーが変換され仕事（役割）を果たします。それが新しいエネルギーの道をつくり、器をさらに大きくし、より多くの売上流入を可能とします。しかし、みんな貯金こそが自分を楽にすると思い込み、伝票を出し惜しみます。

なぜでしょうか？　皆、エネルギーには限界があると思っているからです。本来、エネルギーは無限なので、目標を達成できるかなどと心配せずに「情報を求める人に広く、正しく、分かりやすく提供する」という、営業職場本来の役割を純粋に遂行し、仕事をもっと単純に、もっと解りやすく、もっと楽しいものにしてほしいものです。

そうすれば結果は必ずついてくることでしょう。それなのに長年にわたって繰り返してきた「数字の操作」の慣習から離れられず、人々は自ら苦しみの中に浸かります。

目標設定が自分に枠をはめることになっては自由な活動ができません。

米国の「スターバックスコーヒー」と提携以来、5年間で200店舗をオープンするなど、いつも先取りの気質で事業展開をしてきたサザビーの代表取締役・鈴木陸三氏は、「今後5年間、消費者の嗜好は一段と多様化、個性化するとにらみ、社内カンパニー制の導入など布石を打つ。ただ、最終的な目標はあえて揚げない。『先を決めずにいつも新しい変化を楽しみたいから』」（日本経済新聞・平成12年10月23日夕刊より）と語りました。

売上に固執しすぎると数字をついつい操作してしまいます。売上を正しく計上できないのは、自分で作った売上目標という既成枠の達成を楽にするために、自分で自分を騙さざるを得なくしているのです。

売上を貯めたところで、現実の売上数字が上昇するわけではないのです。

売上自体はエネルギーではなくて、エネルギーの乗り物なのです。エネルギーの法則を理解して、売上を惜しみなく計上すれば、エネルギーの乗り物であるお金を引き寄せることとなるでしょう。この本質を理解しないで、人は貨幣（エネルギー）には限界があるという観念をもった上で富を増やそうとしているのです。「富＝お金＝物質」と考えているので、富は無限でなく有限であるという観念になるのです。

しかしこの観念こそが、貨幣というエネルギーの乗り物に意識をコントロールされ、貨幣制度に富の限界を作り出させているのです。

お金はエネルギーということ（金は天下の回りもの）

精神世界の本などをよく読まれる方は、一度ならずとも「お金はエネルギーである」と書かれた文章に出合っていることでしょう。しかし、なぜお金がエネルギーなのかの説明はあまりされていないようです。

漢字というものは表意文字ともいわれているように、一つひとつが意味をもっています。

第一章でも述べましたが、私を表す「自分」という漢字は、自ら分かれたものと書きます。私たちは唯一の私（創造神）から分かれた存在です。ですから、私たちは元々ひとつの私であったとも言えるのです。

「白米」という字を横に並べますと粕（かす）と読みます。陰陽のバランスということからは、太陽の陽射しを浴び、豊かに陽性エネルギーを含んでいる玄を削り捨ててしまった白米とは粕なのでしょうか。

こういう発見は漢字からだけではありません。

〝ｄｏｇ〟（犬）のスペルを逆に並べると〝Ｇｏｄ〟（神）になります。

このことは私の知り合いのアメリカ人女性から聞いたことで、欧米人の良く知るところなのだそうです。

その意味について私なりのイメージを求めて無意識の中をさまよっていたら、次のイメージがやってきました……。○は神と人間との関係、●は人間と犬との関係。

○　神様は、人が「神も仏もあるものか」と神に怒っても、黙って人を見守ってくれています。

●　犬もどんなに飼い主が理不尽に怒ったとしても、すぐにシッポを振ってなついて来ます。

○ 神様は人が寂しくしていても常に心に光とエネルギーを与えてくれています。
● 犬もご主人が寂しくしているときには天性の無邪気さで飼い主の心に光を運んでくれます。
○ 神様は人がどんなに人（神）の道を外れようとも、人が成長して神の道に回帰するのを我慢強く見守ってくれています。
● 忠犬ハチ公はいつまでも主人の帰りを待っていました。

このように文字とは面白いものです。果たして私たちは意識的にこういう想いをもって文字を作り出してきたのでしょうか？

私たちは何事も自分ひとりで考えて行動していると思っていますが、実際には私たちには様々の意識の関与があります。第四章で詳しく後述しますが、私たちの現在意識は本当の私から意識の働きかけを受けると同時に、本当の私とは呼べないような意識からも様々の働きかけを受けています。この私たちの現在意識が無意識にコンタクトしてしまう意識の領域も、私たちの心のあり方によって異なってくるのです。その中には気づかぬとも、真の神の見えざる意思もインスピレーションとして注がれ、私たちの意思として変容します。

文字も、人が昔から無意識のうちにいろいろと神の意を示唆的に内包させて作ってきたのだと感じます。

さて、前置きが長くなってしまいましたが、どうしてお金がエネルギーなのでしょうか？

それは、例えばお金の単位を日本では〝円〟で表しますが、これは丸い円を意味します。**「ちょっと待て、私はそんなつもりで日本の貨幣単位を〝円〟と名づけたのではないぞ」**と、円の名づけ親からは言われてしまうかも知れませんが、見えざる意思の働きかけがあったのだと、私は密かに確信しています。

エネルギーとは常に動いているものでした。そしてエネルギーとは〝円〟を描くように〝循環〟されるものでした。貯めるものではなくて使う(回す)ものです。だからお金のことを〝円〟と名づけたのです。否、名づけさせられたのです。すると自ずとお金の正しい使い方も観えてくるというものです。エネルギーの法則は、エネルギーであるお金にも当てはまるからです。

「金は天下の回りもの」とも言います。

天を信じて自分のしたいことに正しくお金を使っていれば、お金は常に潤沢に循環するので困ることはないと言えるでしょう。

エネルギーはすべて循環します。エネルギーとは貯められるのが役割ではなくて、循環され、変容されながらとどまることなく縷々《るる》と流れ、使われ続けるものです。そしてそれを使う人の意識を超越へと導き、お金はその役割を果していきます。

お金が教えてくれるもの

お金は、それを使うことで私たちに「エネルギーの使い方」を教えてくれているのです。正しい循環と変形、変容、超越の仕方を教えてくれているのです。

「お金は諸悪の根元」と言った人物は、お金の造られた神意を知りませんでした。

本来、お金には何の責任もありません。お金は三次元にはない神のエネルギーが「変換」「変容」され、私たちの意識がお金を〝超越〟するための〝エネルギーの乗り物〟として発明されました。

私たちは、お金から「お金という〝物〟に頼らなくとも、もっと素晴らしい〝もの〟を使って秩序が保てる社会」に入る前の学習として、お金を貯め込まないで循環させるエネルギーの正しい使い方を学ばせていただいているのです。そして最後に私たちがお金を超越したとき、お金のない社会が実現するのもけっして夢ではありません。いずれ地球社会はその秩序をお金のエネルギーで運営する社会から愛のエネルギーで運営する調和の社会へと移行するでしょう。

今の経済体制の中でも、お金に執着して使うことをためらったり、貯め込むことばかり考えたりしていたのでは、正しい使い方とは言えず、新鮮で邪念のないお金の器も膨らまず、多くは入ってこないと言えるのです。たとえ入ってきても邪念が取り憑いているのでいらぬ苦労を伴ってしまうのです。

とはいえ、これまでは確かに、眉間にしわを寄せ、人と競争する中で精力的にお金を使って富を築いていくという生き方をしている人が多く、地球の波動も荒かったので、現実的にもこのような生き方をして富を獲得している人の方が圧倒的に多い結果となっていました。

しかし、21世紀となり新しい地球へ向かう今、世の中は大きく変化しています。その一つひとつを繊細に注意深く観てみると、その変化は新しい地球と同調する生き方への変貌を意味していることがよく分かります。財の創造の仕方も例外ではありません。エネルギーの法則を理解して、お金に対する意識を変えていかないと、経済活動はこれまでのようにはうまく行かなくなるでしょう。

私が10年以上前に「これからは都市銀行ですら破綻する時代に入る」と言ったとき、誰もが私を笑いましたが、それがいま既に現実に起きています。

今、「危機管理」という言葉をよく耳にしますが、これもこれまでは必要であった常識としての既成概念に過ぎません。例えば個人的な危機管理である「生命保険」は、今後の「いま」を生きる生き方からの発想ではなくなっていきます。もう危機管理という概念は古い地球の概念になりつつあります。実際に生命保険会社も銀行も今は大変です。日本全体が不況で大変な中で銀行や生保の大変度は平均を大きく上回ります。

危機管理とは、神を信頼して自分の創造力を信頼して生きる未来の地球では消滅している概念です。

ここ数年、中堅の生命保険会社も業務を続けて停止しています。自分の家族を殺害してまでも保険金を手に入れようとするような、いままで映画のストーリーにすらなかったような保険金殺人事件が現実に連続して起き始めました。

銀行が集約されてきたのは未来の秩序を示唆しています。同じ駅の近くに5つも6つもの金融機関が並んでいることは、これまでの競争原理的な秩序の下では正しくとも、今後、調和社会を実現する地球では無駄ということになります。そういうエネルギーの流れが現実に現れているということです。

競争原理を正しいと思う人はこの考えに納得できないでしょう。しかし、人間の体を見ても、腕や耳が左右にあるのは必要だからです。腕の指が十本あっても、全部役割が違うのです。本来、意識の進化した人々が営む一つの生命体としての社会の秩序も、こうあることが自然なのです。こうあることが役割を無駄なく表現する新しい地球の省エネ共同創造の秩序なのです。

お金社会も、今までのような金儲け主義で成功する時代ではなくなっていくでしょう。

新しい地球へ向けて変わるエネルギーの変化

お金に関したこと以外でもエネルギーの変化はいろいろとあります。

数年前に自民党と社会党が手を組みましたが、それ以前には考えもつかなかったことです。敵と味方だけの二極分離の政局が動き始めているということです。

平成13年5月9日、小泉総理は衆院代表質問で鳩山民主党代表の「改革に抵抗する勢力とは誰のことか」との問いに「どういう勢力かはやってみなければ分からない。私の内閣の方針に反対する勢力はすべて抵抗勢力だ」と答えました。

鳩山氏の質問にある反対勢力とは、既成の組織（橋本派）を念頭に置いてのことですが、小泉総理は派閥どころか政党という枠組みすらも意識しないというスタンスを、この発言から汲み取れます。

「やってみなけりゃ分からない」――まさに邪魔者は敵味方の組織とは別に、ありとあらゆるところから出没するのです。敵のグループとか味方のグループとか、そういった、人をグループで分けるという観念自体が新しい地球の調和のエネルギーにはそぐわなくなってきていると感じます。

政界のみならず、最近では県警察の悪事なども、いぶりだされる時代になってきました。昔と比べて悪事が増えたということではないと思います。波動が高まる地球では、こういった社会現象があぐらをかいて、のさばり続けるということができなくなってきているのです。

実業界での雪印の2年にわたる怠慢と輸入牛肉の偽装工作や、三菱自動車工業の会社ぐるみの隠ぺい工作など、こういった動機の不純なものがあぶり出されています。

これらから言えることは、現実的に地球のエネルギーの流れが変わってきているということです。

身近な社会現象を見ていると、今、犯罪の狂暴性や陰鬱《いんうつ》性が高まりその数も増えてきて、それだけを見ていると、この世の流れはどこまで行ってしまうのだろうなどと考えてしまいます。

2001年にアメリカで起きた連続多発テロは、全世界を震撼《しんかん》させました。20世紀末のハルマゲドンの預言ははずれ、世界は預言者が預言したようには進んでいなかったのに……。

意識を研ぎ澄ませて、地球の声を聞いてみましょう。これらの変化は何を意味するのでしょうか。地球の波動は間違いなく愛と調和の方向に上昇しているのに、その波長に乗っていけない人類の意識が蔓延し、そのギャップがいよいよ現れ始めたということだと思います。そのギャップの反映は今後、人為的な事件に留まらずに地球規模で起こる可能性があります。地球は生きているからです。

私たちはこの変化を最小限にとどめると同時に、私たちの心はその〝時〟に備えなければなりません。

愛はエネルギー、エネルギーは無限

海の水は蒸発して雲になり、雲は雲であり続けず、雨になります。雨は土に吸収されて樹木に組み込まれ、樹木は酸素を作り出します。エネルギーはそのままの形に留まることはあり得ません。常に変化しています。なのに、お金に限らず愛のエネルギーも使われずに貯められ続けると腐ってしまいます。入ってきたエネルギーは必ず行き場所（仕事場）を求めています。

神の創造物であるエネルギーには「循環して役に立ちたい」という神聖な自由意思が宿っているのです。

お金は使われることで仕事を果たします。愛も然りです。愛も貯めていても仕事をすることはできません。愛もエネルギーだからです。

ですからお金と同じ法則の下にあります。愛のエネルギーも行動することで変容し、他へと流れ、愛の器もそれに見合った器へと増幅・増長されていきます。天から愛をいただいたら、それを自分の器にとどめずに他へと行き渡らすことが大切なのです。

この地球の物理学においても、エネルギーの交代・代謝・転換・恒存などの様々の法則から、エネルギー量は質が変化しても変わらないことが確立されています。これは、エネルギーは循環するということの証でもあります。そして循環するとは言え、実際のエネルギーは次元を超えた広大な宇宙に存在し、今も創造され続けられているのであり、地上の物質と比べればその量は無限といえるのです。「無くなる」という心配はまったく無用なのです。

新しいエネルギーの訪れ

エネルギーに循環の法則がある以上、物理的に量ることのできない愛のエネルギーも、使えば使っただけの愛が天から補充されているのです。さらに愛の器も大きく膨れ上がるのです。

このエネルギーの法則を理解して、愛を求めず正しく無限に使えるか否かで、現実の創られ方が全く違ってくることでしょう。「目に見える世界のみを信じて、エネルギーを有限とした現実」に生きるか、それとも「目に見える世界の存在はすべて無限のエネルギーの乗り物であり、無限の宇宙エネルギーを呼び込むことによって、この世の富（エネルギーの乗り物）も無限となって呼び込まれる現実」を信じて生きるかは、それを受け取る側の意識のもち方と実践次第です。

私たちの意識が現実を創っているのです。

エネルギーの循環を知らず有限と思っていると、エネルギーに執着してその消費を拒んでしまいます。それは同時に、エネルギーの器の拡大も拒んでいることになるのです。

また、エネルギーの変容を受け容れないと、このアセンション（次元の上昇）の大事な時期に前の形にこだわって、新しいエネルギーの訪れとその意味にも気づきません。

今は新しいエネルギーの訪れのときです。21世紀はすべてのエネルギーが新しい地球と一緒にアセンションを遂げます。エネルギーそれ自体が生まれ変わり、超越して次元の上昇も、果たします。

しかし新しい地球は私たちの意識を引き上げてくれるわけではありません。それは私たちの一人ひとりが自分の意思で決めなければならないことです。ニュー・エイジの多くで言われているようには、現実はけっして甘くは進みません。平和を勝ち取るのは自分自身の心のあり方と行動にかかっているのです。世界は私たちの心の反映だからです。

私は愛

愛がエネルギーであるということは物理的には証明することができません。それどころか愛の存在それ自体も物理上では証明できないです。形而上的なものはみなそうです。心も物理的には証明することができません。それなのに、「心は存在しない」という人は一人もいないのです。同じように「愛など存在しない」という人も一人もいないのです。

人は神の愛は信じなくとも愛の存在は知っています。それは、自分が神に愛されていることに気づかない人でも、自分の中に愛を感じたことのない人など誰一人として存在していないからです。

しかし今こそ、その愛は神からきているのだと知り、神の愛を感じることが大切です。自分の愛は神の愛そのものであると。自分と神は一体であると。

事実、愛は遺伝するものではないので、自分の愛は神から流れている神の愛そのものなのです。すなわち「私は愛」であり、「私は神」なのです。

自分に自信のない人でも、神の愛をもっと信じることができれば、自分をもっと信じられるでしょう。

エネルギー源を競争から愛と調和に移行する時代

現代は、負けず嫌いで何でも一番にならないと気がすまない人物とか、ハングリー精神の旺盛な人物とかを高く評価する時代です。そんな時代にはなかなか受け容れていただけることではないのですが、競争とは自分と人とを明確に別けることです。エネルギーを隣人から奪うことともつながります。必ず敗者を作り出し、敗者という犠牲の上に富や豊かさを築くという現実を実際に作っているのです。それは本当の人間の求める幸福とは程遠いものです。

「人と競うことで人は初めて成長し、（通信簿のように）人との比較ができるものが存在して初めて人の成長は確認され、人の評価もできる」と思っている人が意外と多いのですが、現実はそうではないのです。

人がエネルギッシュに生きるためのエネルギー源にはどのようなものがあるのかを、私たちはもっと真剣に考えるべきです。確かに現代人がエネルギッシュに生きるには、人の上に立ちたいという競争心や虚栄心がひとつの源になっていることは否めません。しかし、それがすべてでしょうか。そして、そのエネルギーは私たちの良心ともいえる真の自分にとっても、心地よい調和のエネルギーとして感じられているのでしょうか。

競争心というエネルギーとして存在している以上は神が許したものです。ですからこれまで存在理由があったことも否めません。しかし、これはいつかは反対方向へ、すなわち愛のエネルギーへと変換しなければなりません。

競争とは自分と他人を引き裂き、別けようとする性質をもち、愛とは他人を自分のことのようにとらえ行動しようとする性質をもつため、その性質は正反対なのです。

私たちは取り返しのつかない状態になる前にそれに気づかねばなりません。いつまでも分裂という経験をしているわけにはいかないのです。

それなのにまだまだ競争心というエネルギーは現代人のほとんどに取り憑いて、肯定され、顕在化していて、それを捨てることはできない状態なのです。ですから、それを利用することはとても安易で即効力があり、手っ取り早いことなのです。それ故にどこの企業でも競争を謳《うた》い、危機管理を煽《あお》り、常に神経をとがらせることを強いてしまうのです。

人と争うことが好きという人にとっては確かに表面上は幸せな生き方に見えるかもしれませんが、蓮の根のようにつながっている人の意識の根底からひとり静寂な思いを取り戻したとき、私たちの心のふるさとも果たして本当の幸せを感じるものでしょうか。それは人々の真の調和には結びつかないのです。

一方、愛のエネルギーは競争心以上に誰にでも備わっているのですが、人の奥深くに実在し、蓮の根のように人目に触れないので、競争心と違って明確に常に顕在化されておらず、愛を元にエネルギッシュに生きるということが現代では至難のわざとなっているのです。

しかし、好むと好まざるとにかかわらず、競争というエネルギーは新しい地球にはもち込むことはできないのです。今はもう既に、競争のような低い波動のエネルギーを使ってエネルギッシュに生きる時代ではないのです。本当の自分が住むふるさとの、もっと高い波動のエネルギーとつながり、それを使ってエネルギッシュに生きる時代に、既に入っているのです。

誤解されている愛と情け

さらに、愛を使ってエネルギッシュに生きることは、愛の高度な理解も必要なのです。それはつまりこういうことです。

私たちが日常生活で愛と思っているエネルギーも実際には愛とは呼べないものの場合が多く

あり、正しく調和に結びつき難い点があるのです。

例えば、「恋愛」と「情け」は愛と理解されがちですが、「恋愛」は愛というより「本能」に近いものです。なぜならば、恋愛は原則、異性を愛するように限定した心の動きをします。私たちは男にも女にも生まれ変わります。それなのに男に生まれたときに女を愛し、女に生まれたときに男を愛すること、すなわち常に異性に恋をするということは、恋愛とは神が肉体遺伝子にプログラムしたＤＮＡの作用であることは明白なのです。

しかし本来、愛は男女に限定されるものではないのです。なぜならば愛は遺伝しないからです。人間に内包される意識には、遺伝する肉体側の意識と、愛や意思のように遺伝しないで神から流される意識があるということを知る必要があるのです。

男女に限定されることで子孫繁栄が意図された恋愛は愛というより本能に近いものです。

もちろん恋愛には愛も含まれるのですが、それは恋に付随して愛のエネルギーが流れていると考えるべきでしょう。そして恋とは愛を学ぶ良い機会でもあるのです。

また、「情け」は人のための「思いやり」ではなく、出発点は自分なのです。

なぜならば、愛のエネルギーには〝**他を成長させる**〟という運動が不可欠なのですが、情けにはこれが希薄なのです。相手の成長が前提になっていないのです。ともかく相手を楽にしてあげたい、救ってあげたい、相手の希望（欲）を満たして上げたいということで、自分の欲を満たしているに過ぎないのです。それは理性の判断ではないので、結果として相手の成長を支援する行動とは成り難いのです。

これらを取り違えると、野放しになった恋愛と情けは、(恋愛において)愛憎の区別はなくなり、(情けにおいて)甘やかしは蔓延し、進化と調和は実現しないのです。ですから人は知らず知らず、愛の本当の偉大さを知らずに、道を間違えて走ってしまうのです。

「お父さん、僕はきっと娘さんを幸せにいたします」の嘘

「愛と情け」に関連してもうひとつ。

昔、私がハワイのマウイ島に行ったとき、テレビを見ていたら日本のドラマが放映されていて、「女の幸せはどんな男と結婚するかで決まる」というセリフを聞きました。日本でなら聞き流せるこのドラマのセリフも、マウイのエネルギーの中では「チョット待てヨ」と思ったものでした。

「花子さん、僕はきっと君を幸せにするから黙って僕について来て欲しい」

「お父さん、僕は花子さんをきっと幸せにいたします。どうかお嬢さんを僕に下さい」

こういう結婚前の男(新郎)の言葉は日本では常に肯定されます。

しかし、成長を支援するという愛の観点からは、これは「お節介」です。というより罪とも

なりかねないのです。人が他人を幸せにすることは本来できないのです。第五章の「意識の進化論」で詳しくふれますが、幸せは自分で創るものであり、その過程こそが人としての自立への道であり、そこにこそ人の成長があるのです。「私があなたを幸せにして上げる」というのは明らかにお節介のエネルギーです。このエネルギーはエゴの入った情けではあっても、愛の心ではありません。このエネルギーが自立を阻みます。

これは子を育てる親の目にも言えることです。子供を自分の理想とする方向に制御してもっていこうとする親をたまに見かけますが、「私がこの子の人生を幸せに作ってあげる」という、親が抱いている「理想」の中に子供の幸福と成長がある訳ではないのです。子供の人生は子供のものです。親といえども子供の自由意思を強制操作することはできません。

愛の観点からは「僕はA子さんが幸せになるお手伝いをしたい」「この子の成長を支援したい」という思いからの行動となるのです。

援助は申請されてこそ合法

〝情け〟は行き過ぎると「宇宙の法則」に違反します。宇宙の法則とは生命の進化・成長を前提とした法則で、情けは進化・成長を止めたり、人を間違った方向に導くこともあるからです。「人（生命）を間違った方向に導くこと」「人の成長を止めること」――これを〝罪〟といいます。

宇宙の法則から観た罪とは、法律に触れることではありません。

〝銀河カウンシル作戦本部〟は、『ET地球大作戦』（コスモ・テン発行）の中でこう言います。

『覚醒を体験する間、また覚醒ののち諸君はいつでも作戦本部、カウンシルのメンバー、すべての宇宙同盟、高次元のマスター、地球界のあらゆる王国に援助を依頼する権利をもっている。（略）諸君は声望の高い宇宙社会のメンバーとしてこの作戦に参加しているのであるから、ぜひこの権利を行使してもらいたい。これによって諸君が守られるだけでなく、諸君からの援助依頼は、高次元のエネルギーが合法的に入るための手段でもある』

他人を助ける場合でも、「助けて欲しい」という意思表明が明確にされてもいないのに、自分勝手に人を援助するということは慎まなければなりません。

銀河カウンシル作戦本部はさらにこう言います。

『我々は侵略はしない。しかしながら、この作戦要員の一人が地球人として生きることによって地球人の地位を獲得し、次元を超えた干渉または援助を要請してきたときには、その要請に応えても宇宙の法則を破ることにはならない』

[第二章]「良いこと」と「正しいこと」の違い

JUSTICE

愛とは何ですか？
成長とは何ですか？
良いこととは何ですか？
正しいこととは何ですか？
罪とは何ですか？
答えは全部、つながっています。

人生の答は決まっていない（学校教育の弊害1）

私が都立高校を受験したとき、そのあとで新聞に入学試験の解答が載りました。

当時は疑問にもたなかったものの、今このことを考えると私はおかしなことだと首をひねらずにはいられないのです。

新聞に載った解答は正に〝模範解答〟であるわけですが、この模範解答とは「答はこういうふうに書くのが正しい」ということです。私はこのこと、すなわち〝答が初めから決まっていること〟に首を傾げてしまうのです。

多分、大半の人は「だけど、試験の答は決まっているものだろう」「試験とはそういうものだろう」と思われることでしょう。

しかしこれは、私が高校の入試を受けて解答用紙に向かって答を書き込んでいたそのとき、「自分を離れたところで既に答は決まっていた」ということになるのです。これでは私は、「自分の外に既に存在していた答を追い求めていた」ことになってしまうのです。これはおかしいと思いませんか？　私はおかしいと思うのです。

なぜならば私は思うからです。既存の知識には真理は存在していないということを……。

真の解答である真理は自分を離れたところからはやってこないということを……。

私は、9年間の勉学の結果がこのような決められた知識という形を中心として評価されることに大きな疑問を抱いてしまうのです。

一瞬一瞬に自分の中から湧きいずる真理と共に生きるようになることが私たちの成長であり、自立なのに、今の教育はそれを支援しているとは言えないからです。

もしも、学問と教育は別であり、学校とは「学問の場」であり「教育の場」ではないという前提があるのなら、ここでの話は平行線をたどるかも知れません。しかし、学校が学問の場であると同時に教育の場でもあるという前提があって、教育とは自分で考える力を養って自立した人生を送れることを学んだり、他と調和して生きることを学んだりすることなどを含めるとしたのなら、今の教育は余りにも画一的な知識を押し込むことに偏向し、自分で考えて自分で行動することの育成からかけ離れてしまっていると思うのです。

私は、人の〝自立心〟や自由意思を使った〝創造力〟を育むことは、教育の大事な目的になると思っているのです。なぜならば、

人の個性は誰一人として他人と同じことなどありえないので、自分の人生は自分の意思で考えて創造するしかないからです。たとえ教師であっても、生徒が人生をどう歩んで行くかというヒントを与えることはできても、具体的にそれを生徒に指示することはできないのです。教えられることは、真の自由意思の見つけ方と、その意思のままに自分の足で歩くことの大切さなのです。

後（第五章）で詳しく述べますが、人間が人として学んでいる過程は、自由意思なくして本能（神の意思の代替）に主導されている動物とは違って、神の意思とつながった自由意思を使って、自分の人生を創造することなのです。

その過程では初めは、一なる神であり、かつ全体でもある神の意識から分裂してしまったエゴの自由意思を使っているのですが、それですと混乱がいつも発生してしまうのです。やがて人類は多くの混乱の体験を繰り返しながら「何かがおかしい」ことに気づき、本当の調和を願っている声に耳を傾け始めます。それが自分の中からきていることに気づき始めた人々は、自分の中へと意識を集中し始めます。自分の中の神の光とつながった生き方を模索し始めるのです。

それが今なのです。現代がその時期に当たります。残念ながら今はまだ、水面下で幾ばかりかの人々がそんな生き方にチャレンジしているだけですが、この21世紀の早い時期にそれに気づいて行動する人が急速に増えてくることが望まれています。

教育現場での子供にかかわらず、いま宇宙が「乗り遅れないように」と、新しい地球へ移行する地球人類に必須のこととして呼びかけているのは、正にこのことなのです。それは自分にとってもっとも頼りになる情報は自分の中からやってくると気づき、自分を信じて真っ直ぐに進む行動パターンを確立することです。

それなのに学ぶことのすべての答が初めから決まっているということになると、子供たちに自分の中から自分で答を引き出そうとする自立の習性を育めないのです。そして子供たちは、常に答えを模範解答を求めるように自分の外に向ける習性を身に付けることとなるのです。
そこに真理はないのです。

評価は教育に不可欠なことではない

生きるうえで必要最低限の知識は学ぶ必要はあるでしょう。また事実を事実として見極める力をつけるという意味では、今の学校教育もそれなりに役立つとも思います。しかし、問題なのは、今の教育を取り巻く環境が、評価抜きでは成り立たなくなってしまっているということなのです。そして知識第一主義で評価された結果に倣《なら》って、社会も人を評価しようとするのです。

人を評価するということは教育に不可欠なことではないのに、評価があまりにも優先され、評価に余りにも意識が行き過ぎています。

人に評価されることで合格したり出世したりする今の世の中の仕組みが、人の意識を常に「他人からどう評価されるか」という方向に向かわせてしまうために、自分を見詰めて生きる生き方ができなくなってしまうのです。「長いものには巻かれろ」で生きる日本人は特にこの傾向が強く、周りを気にしないで自分で新しいものを作り出すという創造力に欠けるのです。

光とつながるのに記憶は必要ない

評価を明確で公明正大なものにするためには、答が決まっていることで評価するのが一番簡単なので、どうしても「知識があるか否か」での評価方法に拍車がかかってしまうのです。その結果、解答のほとんどが記憶から呼び起こされることになっているのです。

このようにして教育は、本当の人間の価値を育むという方向性を見失ってきたのです。

人間が生きる上で一番大切なことは、決まっている答を探すことではないのです。むしろ記憶という既存の知識は、人が自分の中の光とつながって自分の道を真っ直ぐに歩むためには、邪魔になることすらあるのです。

私たちが本当に必要としている情報は、私たちが分裂する前に「唯一の私」として存在していた私たちの「ふるさと」からやってきます。元々一体である私たちにいま求められていることは、私たちの脳に記憶を詰め込むことではありません。

既に大いなる叡智として私たち自身の中に存在している「ふるさと」へのアクセスなのです。そのとき、無限の叡智は淀みなく私たちに流れてくることでしょう。

相対評価から絶対評価へ（学校教育の弊害2）

また仮に百歩譲って、たとえ評価が肯定されるものとしても、現在の評価の仕方には問題が残ります。

それは、一人の生徒が日々どれだけ成長しているかという絶対的な評価ではなく、常に人と比べるという相対的な評価方法でほとんどの教育者は人を評価します（通信簿しかり入学試験しかり社内評価しかり）。そして親も、常に兄弟同士を比べたり、隣の子と比べたり、クラスの中でどの程度の成績かを一番気に掛けたりするものです。

人と比較しないで子供たちを見守り、その子自身の成長を育んであげるという最も大切な視点がどこかに行ってしまっているのです。

一番大切なのは、子供たちが昨年より今年、昨日より今日、どれだけ成長したかという絶対的な見地なのです。

第一章で、「人と競うことで人は初めて成長し、通信簿のように人との比較ができて初めて成長が確認され、初めて人の評価もできると思っている人が意外と多い」と書きましたが、このような相対的な比較評価ではなく、本人自身が日々成長しているかというような、絶対的な見地から観て人を育むことが本来の教育の基本なのです。

絶対的見地からは成長していなくても、相対的に順位が上がれば、果たしてそれは成長と呼べるのでしょうか。ほんのちょっと理性をもって考えてみれば、それは成長ではないことはすぐに分かるはずです。

相対的に順位を量る方向に重きが置かれる現代の評価法は、さらに子供たちにギスギスした競争心を植え付け、思いやりから遠ざけてしまうのです。

大切なのは人と比べることで競走心を煽ることではないのです。むしろまったく逆なのです。人のことなど気にしないで自分の人生を自分で生きられるように子供を育むことなのです。

真の思いやりも、私たちが分裂する前の自他一体であった分け隔てない領域に生きる真の自分を生きたとき、始めて互いの人としての本質がふれあって、思いやりとして湧きいずるものだと思うのです。

学校であれ家庭であれ、この現代社会がこのように出発点を取り違え、子供を正しく成長の道へと導けない理由はどこにあるのでしょうか。

「良いこと」と「正しいこと」の違い

私たちが子供たちに教えるべき究極の目的は、何が良いことで何が悪いことなのかの外の答えを求める判断力ではなくて、何が正しくて何が正しくないか（間違っているか）の一瞬一瞬に内からやってくる判断力の育成なのです。そして子供たちには、良いことをして生きるのではなく、正しいことをして生きる人生を教えることが大切なのです。

しかし、正しいことと良いこととの違いを今の大人たちのほとんどが理解しておらず、結果として大人たち自身が自分の外に存在している常識一辺倒に流されています。

実はこのことが現代人を本当の自由な判断から遠ざけ、真理の受け容れを拒否してしまう第一の理由と言えるのです。

正しいことが、真理が、自分の内からやってくるときには、あくまでも自分固有の役割を示唆する想いとして湧いてくることが多く、決して「人と同じことをしなさい」という想いとして湧いてくることはないのです。つまり、結果として「他人がしていないこと」を示唆してくることが多いのです。ですから常識（世の固定観念）の枠を超えたところからの発想となり、なかなか正しいことを正しいこととして受け容れ、実行することはとても勇気のいることとなっているのです（このことは次章で詳しくふれます）。

私たちは生まれてからズッと「良い悪い」「正しい正しくない（間違っている）」という言葉を何気なく使ってきましたが、「良い」と「正しい」を使い分けてきていませんでした。

「良い悪い」と「正しい正しくない」とはどう違うのでしょうか。

結論から言えば、「良い悪い」とは人間の意思の入っているものです。良いこととは良識とも言えます。人の良識で正しいことと認識されていることです。私たちが良いことと言うとき、そこに主観的な気持ち、つまり好き嫌いのエネルギーを感じることができるでしょう。後述しますが、世の常識もこの「良いこと」の部類に属します。

それに対して「正しい正しくない」とは人間の意思の入っていないものです。

「正しいこと」とは〝生命を進化・成長へと導く運動〟を言います。

そして人にとっての罪とは、前述したようにこれとは逆の運動――すなわち〝生命の進化・成長を止めたり後退させたりすること〟を言います。

正しいか正しくないかは、人が決めるものではないのです。というより、決まっているものではなくて、結果として生命を成長させるか否かのことです。一定の固定的な行為を指して正しいこととか間違っていることとか決め付けることはできないのです。

正しいことは〝現象〟の中にはないからです。

例えれば、登校拒否はいけないことで子供は絶対に学校に行くべきだとか、嘘は絶対についてはいけないとか、車のほとんど通らない道であろうと決して赤信号を歩いて渡ってはいけないとか、憲法は厳守すべきとか、会社の就業規則も絶対に守らなければならないとか、そういう人間の決めた善悪の概念や法を守ることと「正しいこと」とはイコールではないのです。正邪はあくまで進化・成長に向けて前に進むことか否かにあるのです。

そこでまた進化・成長の方向性が問題となるのですが、それは様々な方向性があるので簡単に述べることはできないものの、〝成長〟についてひとつだけ言わせていただけば、成長とは宇宙のエネルギーの大元である〝愛〟抜きでは語ることができないのであり、愛には自分と他人とを区別しないという、思いやりの〝自他一体感〟の体得が不可欠な要素となります。

少なくとも成長とは、常識では良いこととされている競走意識のもち方——「人より上でありたい」「なんでも一番でいたい」というような、〝自分と人とを別ける方向性〟にはないことだけは間違いありません。

学校に行かない子供たち

「良いと正しい」について先の教育問題からひとつ例を挙げてみれば……。

年々、学校に行かずに自宅で学ぶ子供たち（ホームスクーラー）が増えています。最近では平成11年に文部科学省が調査を実施し、平成13年に追跡調査をしていますが、中学生では全生徒の2・5パーセントが学校に行かない生徒という統計が出ていました。

親は子供が不登校になると大問題が起きたと思い、必死になって登校させようとするのが普通です。子供が学校に行かないことは常識から大きく逸脱していると考えているからです。不登校児の親の目の前は真っ暗になるのかも知れません。

しかし、学校に行かなければいけないというのは人間が決めたことです。人の意思が決めたことです。ですから親は落ち込む前に、不登校は悪いことではあっても、けっして間違ったこととイコールにはならないことなのだと冷静に受け止める必要があります。

確かに不登校の理由もいろいろとあるでしょうし、子供も一人ひとり違う人格なので単なる怠け者なのかも知れず、軽率な判断はできないものの、相手が子供といえども子供が納得できないものを親の権限で強制することはできません。

子供によっては学校に行かないで自宅で工夫して学んだ方が独立心ができて自立し、成長する（＝正しい）場合もあるのです。

正しいか間違っているかは、これからの成長につながることであったか否かであり、その時点ではまず判らないのです。

義務教育中とはいえ、そもそもみんなが同じような教育を受けなければならないということ自体に絶対性があるかは大いに疑問なのです。

アメリカでは不登校の生徒は１２０万人を超えると言われます。先の調査では日本の小中学生の合計で13万4千人ですから9倍強、人口比でも4倍以上いて、日本とは比較にならないくらい多いのですが、そのアメリカのクロンララ校では、日本にいながら学べる通信手段を日本向けにも開放しているとのことです。日本独自のサポート施設もありますし、交流会などのネットワークも複数あります。また、大学も大検を経なくても、海外の高校の卒業資格があれば受験を認めるところもあるようです。日本でも不登校児を支援する集いもできてきました。

不登校の子供たちでも、自宅でしっかり学んでいる子は、学校に通う子供たちと比べて自立心が旺盛な子供たちの多いことは周知されてきたようです。

以前見たＮＨＫの教育テレビの番組では、アメリカの不登校児が自宅で学ぶ様子が放送されていました。この番組で、アメリカの児童心理学者、シリー・シャイヤー博士の研究結果としてホームスクーラーの方が学校に通う子供たちより協調性や社会性があることが報告されていました。アメリカではホームスクーラーはしっかりとした地位を得ているようです。

アメリカでは１９８０年代の半ばから急速にホームスクーラーが増え始め、連邦議会で一部の議員はこの流れにストップをかけようといろいろの法案を提出したようですが、結局、ホームスクーラーに有利に採決されているようです。ある下院議員は「ホームスクーラーは理に適っている」と言い、ある下院議員は「すべての子供たちに学校が適っているわけではない」と言い、ホームスクーリングを肯定します。

これはアメリカでの話ですが、日本にもこのような意識が芽生えてほしいと思いますし、インターネットで〝不登校〟と検索文字を入れてみれば多くの活動が見えてきて、そういった機運が高まっていることがよく分かります。

私は学校には行かないほうが良いと言っているのではないのですが、ただ、みんなが同じことをして成長することを求めるエネルギーは、古い地球のものであって新しい地球にはふさわしくない、ということは間違いないと思うのです。ですから新しい地球のエネルギーに変化している今、不登校児が増えるのは、私にしてみれば予想されることなのです。

学校の集団生活を嫌い、先生に命令されることに不快感を感じたら我慢しないで自分を表現するという子供たちは、古いエネルギーにはそぐわない、アセンション（次元の上昇）後の新しい地球のエネルギーを先取りして生まれてきた子供たちである可能性もあるでしょう。

古い常識に呪縛《じゅばく》された大人たちが、こういった子供たちから学ぶことは多いのです。

学校信仰の根強い日本では、どうしても不登校児を異端視することが多くなります。その思想が家庭や学校にもたらす混乱は、新しい地球のエネルギーを表現しようとする子供たちと、古い地球のエネルギーに執われている大人たちとの葛藤による共同創造とも言えるのです。

学校だけではなく、企業でもセミナーと称して、管理職はこうあるべきとか、画一的なセミナーが数多く行われていますが、このような強制的セミナーのほとんどは自分を最大限に生かして生きようとしている人にとってはウンザリするものです。自立心ある人にとっては余計なお世話と映ることでしょう。

私たちが新しい地球に移行するには、こういった常識の「こだわり」の皮をひとつずつは剥《は》いでいかねばなりません。常識（良いこと）は正しいこととは限りません。

私たち人間が考えて決めてきたことのほとんどは既成概念です。

思考を止め、既成概念というこだわりから離れたとき、真理は自分の中からやってくるのです。

参考：週間文春、平成11年12月23日号「自宅で学ぶ子供たち」
ＮＨＫ教育テレビ、平成12年5月25日放送（ＥＴＶ２０００「もう学校には行かない」）
文部科学省のホームページ（平成13年12月30日）

［第三章］映画『マトリックス』に観る〝正しいこと〟

文化作品に込められた宇宙からのメッセージ

多くのひとたちの神の法に対するいちじるしい無知が、これら（近未来の地球の）痛々しい状況を生み出す原因であり根である。このまま放置しておけば、それはついには全滅にまで至りかねない。

だから、われわれはきみたちのすべての国の、できるかぎり多くのひとたちに正しい教えとみちびきの霊感《インスピレーション》をメッセージとして送っている。受け取る人の個人的な信仰によって、なかにはかなりわいきょくされてメッセージが伝わってしまうこともさけられない。それがさらに混乱と失望を生み出す。それでも、少しずつ、日に日にすべてはっきりとしていくことだ。

文学作品や音楽、映画やそのほかいろいろな文化的な表現にも、インスピレーションを与えている。メッセージの普及に役立てられるものなら、なんでも利用している。これは意識変革のためのひとつの愛の種であり、〝大きな出会い〟のための準備でもあるんだ。


『もどってきたアミ』（徳間書店）、宇宙の地球救済計画の司令官の言葉より

マトリックスの預言

そこにいるのは分かっている。お前たちを感じている。

お前たちは恐れている。私たちを、そして変化を。

この結末がどうなっていくのか、未来は分からない。

しかし、どのように始まっていくのかは言うことができる。

この電話を切った後で、お前たちが見せたくないと思っている世界（新しい地球）を人々に見てもらう。

お前たちの支配のない世界だ。

そこには束縛もコントロールも存在しない。

なんの境界も限界もない世界だ。
すべてが可能となる世界だ。
私たちが行こうとする世界（新しい地球）、それはお前たちとの決別の選択を意味する。
『マトリックス』より（筆者訳）

右の文章は１９９９年に公開されたワーナー・ブラザーズ配給の『マトリックス』という映画の最後に、この映画の中で人類を支配していた人工知能に打ち勝った救世主である主人公ネオが、彼らに勝利宣言し、これからやってくる地球の秩序――何の束縛も境界も限界もないという**「新しい地球」**の秩序――の預言を語ったセリフです。

新しい地球の実現のために戦う人々を描いたこの映画には、新しい地球の生き方を示唆する真理の暗号が一杯です。そんなヒントが至るところに隠されています。

その暗号は余りにも多いものですから、ここでは特に〝正しいこと〟について示唆しているシーンについて焦点を当ててふれてみます。

その前にこの映画を観ていない人のために、映画『マトリックス』のストーリーを簡単に解説しておきます。

映画のあらすじ

21世紀のはじめに、人類（映画の中の人々）が開発した人工知能が発展を遂げ意思をもちました。人工知能は人類に代わって自分たちが主導権を取り人類を配下に置こうと反乱を起こしました。

当時のコンピュータは太陽光をエネルギーとしていたため、人類は太陽光を遮りエネルギーを遮断するという対抗手段に出ました。しかし人工知能は太陽光の代わりに人体から出る熱をエネルギー源とする策を取り、人類は人工知能に敗北しました。

人間はバイオメカニカルの昆虫内に産みつけられ、コンピュータとチューブにつながれ、死ぬまでカプセルの中で羊水に浮かぶ胎児のように栽培され、人工知能のエネルギー源とされていました。

映画に写し出される世界は、そんな人間たちが夢の中で見るマトリックスと呼ばれる、想いの反映としての幻影――現象界なのです（現実の私たちの三次元社会も、私たちの内面の反映として映し出されている現象界）。映画の中の世界で実在の人間は、カプセルの中で眠っています。

しかし、人間たちはマトリックスに映し出される世界を現実だと思っています。映画の中での人工知能は現実の社会での邪《よこしま》な霊達に比喩されています。すなわち、霊的な世界から意識の波長を合わせて（マトリックスのコードを通じて）人の行動を霊的にコントロールしている存在に比喩されています。

映画での一般の人々は、ほぼ全員がこの邪な意識である人工知能に意識をコントロールされている設定です。現実のほとんどの地球人と同じように、邪霊に意識を操られていることにまったく気づいていないのです。

夢の世界は1999年、人々は仕事をし、怒り、食べ、愛し合います。しかしそれは人工知能の電気的刺激によって造りだされた「マトリックス」と呼ばれるバーチャル・リアリティ（仮想現実）の世界でした。現実の今は、2199年頃……。

この仮想現実の造られ方（邪霊に操られた人間の想いが現実を造ること）に気づき、自らマトリックスのコードを断ち切り、現実とマトリックス間を、通信回線を利用して行き来しながら人工知能と戦っている人たちがいました。モーフィアスをリーダーとする彼ら光の戦士は、預言者（Oracle）が語った「救世主（The one who saves the world)」と呼ばれる人物の出現を待ち望んでいました。モーフィアスはその人物を探し出しました。その人物はコンピュータ・プログラマーとしてニューヨークで働く〝ネオ〟と呼ばれる人物でした。

彼こそが人工知能の人間支配から自由を取り戻す救世主でした。

映画はこの現象界（マトリックス）を主な舞台とします。「起きてもまだ夢を見ているよう」と言うネオは、真の自分に目覚め始めた人間であり、この映画での救世主であります。しかしまだ、自分が救世主であるなどということは夢にも思っていませんでした。

光の戦士のリーダーであるモーフィアスはネオを見出した後、何とかネオにそのことを思い出してもらおうとします。ある日、モーフィアスはネオの気づきのためにネオを預言者のところに連れて行きました。

次の会話は預言者とネオがはじめて出会ったときのものです。

預言者の嘘

預言者「あなたには、どうしてモーフィアスがここに連れてきたのかが分かる」
ネ　オ　うなずく……
預言者「あなたは自分が救世主だと思う」
ネ　オ「正直言って分からない」
預言者「（救世主であるということは）恋をしているようなものよ」「だれにもあなたが知っ

ているようには、『あなたが恋をしている』などと言うことはできないわ」「自分で自分の体の中を通して実感するものよ」

……「ではちょっとあなたを見てみましょう」（略）……

「……あなたは既に私が何を言おうとしているかを知っているわ」……

ネ　オ「……私は救世主ではない」

預言者「（救世主でないことは）残念だわ」「あなたには（神から贈られた）才能があるわ」「だけど私にはあなたは何かを待っているように見えるわ」

ネ　オ「それは？（私が何を待っているって？）」

預言者「（それが分かるのは）来世かもしれないわ」……

このセリフには非常に神妙な意味がこめられています。

実のところ、ネオは救世主でした。そして預言者は当然そのことを知っていました。しかしそれは教えることができませんでした。預言者が恋に例えて言うように、救世主であれ何であれ、**自分の役割ともいえる使命が何であるかということは人に言われて分かるものではないか**らです。自分の中を通じて実感しなければ真の理解にはならないのです。ですから右記のような遠まわしの表現、すなわちヒントとなるような言い回しをせざるを得ないのです。自分で思い出すという真の理解なくして、その使命を全うすることはできないのです。

ここで預言者が仮に「あなたは救世主よ」と真実を言ったところで、ネオはそれを受け容れる用意ができていないので、自分が救世主だと実感できるわけではなく、それではプレッシャーを受けてしまい、あるいはうぬぼれて天狗になってしまい、救世主の役割をまっとうすることができないことを預言者は知っていました。

そこで預言者はこうヒントを付け加えたわけです。

「あなたには（神から贈られた）才能があるわ」

「だけど私にはあなたは何かを待っているように見えるわ」……と。

この一連の預言者の言葉を私なりにつなげまとめてみますと、

「あなたには救世主としての才能が、神様からの贈り物として備わっているのよ」

「それなのにあなたは自分でそれを見つけようとしないで、誰かが自分に教えてくれるのを待っているように見えるわ」

「そんなことでは、いつまでもそれを確信できないので、答えは来世までやってこないわ」

「恋をするのと同じように、自分の真理は私から聞き出すのではなくて、自分の中にある光からダイレクトに感じるものよ」

「私はあなたには言葉しか与えられないの」

「だから私には真理という充分な答えを直接あなたに与えることはできないの」

「そしてあなたの使命も」……

嘘も方便

「真実」と「真理」とは異なります。真実は絶対であり、かつ普遍的な決定事項であり変化することはありません。ですから他人に言葉で教えることも可能です。しかし、真理を教えることはできません。できるのは真理の訪れの道を示唆してあげることなのです。歩くのは自分です。この映画でもモーフィアスはネオに対して繰り返し言います。**「扉までは連れて行くが、扉は自分で開けなければならない」**と。

預言者はネオが真理の訪れを感じることができるようになるようサポートするために、真実とは異なること――すなわち救世主ではないという「嘘」を付いたのです。そして、ここで解答を与えなかったことで、後でネオは自分が救世主であったことを、預言者を通してではなく自分を通して思い出し、確立していくこととなります。預言者のみならず、ネオを取り巻く人々の言動は、ことごとくネオにとって「真理へのいざない」となっていたのでした。その過程が映画ではとてもよく描かれていました。

嘘をつくということは、常識では悪いこととされています。そして現代では悪いことは正しくないこととされてしまいますが、結果としてネオに真理を運び、気づきをもたらした預言者の嘘は「正しいこと」となったのです。進化・成長に結びつくことが正しいことであり、賢者は成長に必要なことだけを言うのです。

預言者との対話を終えた直後のネオに、ネオの帰りを外で待っていた光の戦士のリーダー、モーフィアスはこう語りかけます。

「預言者が話したことは君のためのものだ」「君だけのものだ」「預言者は必要なことだけを言う」……

モーフィアスはネオに「預言者がネオに何を告げたのか」を聞かなかったのです。

それは、預言者の言葉はネオにとっては必要であっても、モーフィアスにとっては必要でないことを、モーフィアスは知っていたからです。

この、成長に〝必要なこと〟こそが、成長へのいざないであり、正しいことなのです。

預言者はネオにもう一つの嘘をつきます。

「モーフィアスかあなたのどちらかが死ぬわ……」と。

実際には二人とも生き延びたのです。そして預言者はネオとの会話の最後に、自分が言った「あなたは救世主ではない」との預言にこだわるなと言うかのように、大切なキーワードを告げるのです。

「運命を（私がいま言った預言も）信じてはいけないわ。人生は自分でコントロールするのよ」

宇宙には善悪はない

空を飛ぶ未来人が活躍する五次元を示唆する『マトリックス』という映画は、「暴力シーン」のあるアクション映画でもありますが、もしも暴力シーンは悪であるといった善悪の固定観念をもっていたり、「たかがハリウッドのアクション映画ではないか」「真理の探求者はそんな映画は見ない」と、娯楽映画をバカにして良い子振っていたりすると、この映画に隠された素晴らしい神の意思を観じ取ることができないでしょう。

宇宙は多くの人に早く真理の訪れを自分の中から聞いてほしいために、このような人気映画を使ってそのヒントを置いていきます。これは神と製作者と、そして何よりも私たち観客予定者との共同創造なのです。他にも、『スターウォーズ・エピソードⅠ』に代表されるジョージ・ルーカス制作の映画などにも、真理へのいざないとしてのヒントが散りばめられています。

真理を受け容れるためには心を自由にして、善悪のこだわりから解き放たれなければなりません。

第五章で詳しく述べるのですが、私たちには神と合意した成長の方向性があります。私たちの意識がその方向に進むことを進化と言い、進化に向けた運動を正しいことと言います。結果として正しく進めばいいのであって、その過程についてはある程度、自由意思に任されています。映画『マトリックス』で預言者が言ったように「人生は自分でコントロールするもの」であり、現象的にこうしなければならないという決まり事は何もありません。正しい、正しくないということは決め事の中には一切存在していません。

「正しかったか＝進化したか」の結果はすぐに出てくるわけではないので、人間には正しいことはまず判らないのです。ですから、〝神と意識を分かち合って今を生きること〟が、〝正しいことを分かって生きる〟ということなのです。それが〝今を生きる〟ということであり〝あるがままを生きる〟ということであり、結果として正しい道を生きていることと成るのです。

これからの地球で大切なことは、良い（善）悪いではなくて、正しいか間違っているかなのです。人知を超えた宇宙には善悪は存在していないのです。

ゴールへの道

私たちの人生の方向性は、生みの親である宇宙の創造神によってデザインされているので、「神として完成する」というゴールの設定は変えることができなくても、私たちの人生をどのように歩むかは、私たち人類の自由意思に委ねられているのです。

42・195キロのマラソンに例えてみれば、マラソン競技ではコースはもちろんのこと、いろいろとルールの制約があります。なぜならば勝敗を争うマラソンは競走なので、競技者全員が同じ条件であることが必要だからです。

しかし、人生は競走ではありません。

人のことを気にして同じように歩むことを規定していません。

自分なりに考えて歩んでいいのです。

否、自分の人生は自分のもので、自分で作り出すものです。

ですから、出発地点とゴールは決まっていても、その道のりをいつ出発しようが、歩こうが走ろうが、自転車で行こうが自動車で行こうが、苦しい道を選ぼうが楽な道を選ぼうが、自分で考えて自分で行く限りはすべて許されているのです。映画「マトリックス」のラストで新しい地球を預言する中でも言われていたように、新しい地球には一切の束縛もコントロールもないのです。不思議に思われるかも知れませんが、これは未来のあらゆる組織などでも同じなのです。

ゴール地は決まっていても、道のりは決まっていないので、コースを変更したり、寄り道をしたりすることも許されています。

実はここにこそ、人が神として自立して歩くことの学びがあるのです。

「法」や「常識」は良いことではあっても正しいことではない

私たち人類は長年の経験から、して良いこととしてはいけないことを別けてきました。それが私たちの常識となって、慣習となって伝えられ、継承されてきました。ところがそういった常識を守らない人が出てきたり、見解が人によって異なっているために、私たちは混乱を避けるために法やルールを制定し、その約束事の下で秩序を運営してきました。それは私たちの我がままを制御・統制するものとして制定されました。

法治国家が当たり前になって法による規制は日々多くなり、最低限してはいけないことの最低ラインは我がままに準じて下げられて来ました。

しかし、して良いことと悪いことは全部、人間の判断の下に定められてきました。法律の判断であれ、社長の判断であれ、親の判断であれ、そして議会制民主主義下の判断であっても、実際はすべて人間が決めてきたことです。これらは良いことではあっても正しいことかどうかは別問題です。

国で、職場で、学校で、家庭で、あらゆる組織で良いこととしての様々な規制、管理、教育、コントロールが行われるようになった一方で、規制緩和が叫ばれ、今一度社会が自由を取り戻し、自由な創造力を施行できるようにしないとかえって社会は活性化しないことにも気がついてきました。この矛盾を人類は解決できていません。肝心なことに気がついていないからです。自由意思を尊重し、かつ調和を保つことができる「環境設定」を私たちの〝心の中〟にしないと、規制はやたらに緩和できないということなのです。

洗心

しかし、人々の潜在的なエゴがそこに踏み込むことに無意識に拒否反応を示します。その「環境設定」とは、心のエゴを洗い流し、本当の自分とつながることだからです。

これを「**洗心**」と言います。

これを映画『マトリックス』の中のセリフに当てはめれば「**自らの意志と決断で、マトリックスのコードを切断しなければならない**」ということです。

口で言うのは簡単でも、これができずに地球人類は何千年もの間、三次元の波動を超えることができなかったのです。なぜならば、エゴのコードを心に巻きつけられていることに気づいていない現代人にとっては、エゴも自分なのです。だからエゴを振り切ることは自分を否定することに思えてしまい、洗心は現代人が最も苦手とすることとなっているからです。

洗心とは、自分の心を観てその至らないところを謙虚に認めて是正していくという、心のふるさとともいえる良心からの発動に他ならないのですが、人間のエゴがそれを許さず、何千年の間にわたり人類の良心は、その想いを塞がれてきたのです。

21世紀はいままさに、エゴから開放される〝時〟なのです。

自己確立（霊的自立）

かつてモーゼが神から十戒を受けたとき、人を殺す人がいました。自己保存心から人に嘘をつく人がいました。物を盗む人もいました。それで神はモーゼを通じて十の戒めを与えたのです。

現在の私たちの社会を取り仕切る法治国家という秩序体系は、実は三千年前と何ら変わっていないのです。三千年前と比べて文明の進化は目を見張るものがありました。それと比べて心の進化はひとつの次元の節目（他人が作った法によって自由を制御する秩序）すら超えていないのです。自由と規制の関係は、常に人が自由意思の使い方を習得したレベルに応じて規制の量と強さは定められ、人が真の自由性を取り戻すに従って規制は緩和されていくことが理想なのです。

ですから私は、規制に頼る秩序体系を今すぐ変えたほうが良いという理想主義者ではないのです。そういった規制に縛られた秩序体系を保たねばならない人類の心を洗い、心を変えたほうが良いと言うのです。もっと言うと、「心を変えたほうが良い」のではなくて、社会秩序を根本から変えるには〝それしか方法がない〟のです。

心と現実は写し鏡のような相対関係にあって、この法則に則って私たちが生きる相対界である現象界の現実は造られているからです。宇宙の秩序の自由性も、人の心がもつ自由の調和度に合わせて定められるものなのです。

私は三次元とそれ以上に精妙な波動の世界との根本的な違いはここなのだと確信するのです。高次元社会と低次元社会との差は、素晴らしい憲法や法律があるかないかではないのです。外の秩序に頼らなくとも、自分を信じて、その内なる神聖の自由意思と共にあるがままに生きることことのできる人々の集う社会――すなわちその星に住む人々に霊的自立である〝自己確立〟が成されているかどうかだと思うのです。

神から分かれた本源の愛深き自分とつながり、一人ひとりが自分を取り戻したとき、私たち人類全体の真の秩序と調和が確立するのです。

さて、先の小見出しで挙げた「洗心」についてはサラリと書いてしまいましたが、実は私たちが新しい地球に移行するにおいてとても大事なことなのです。それと同様に「自己確立」も新しい地球で生きるための基本となるでしょう。これらについては独立した章をつくってもいいぐらいなのですが、しかしそれほど重要であればこそ、あえてそれをせずに、この本の「はじめに」から「おわりに」まで一貫して貫かれているテーマとなったのです。

自分を確立するということは、一言で言えば「自立」ですが、三次元で人の世話にならずに独立して生活を送るということではなくて、意識の自立、霊的自立を意味します。

次にここでは自分を確立することの重要性について、人の体を譬えにしてできるだけ分かりやすく説明してみたいと思います。

まず身体各部の役割ということについて考えてみます。

私たちの身体は、五体から指の一本一本まで一つひとつが意味をもちます。何ひとつとして無駄はありません。ですから身体のどの部分が優れていてどの部分は劣っているということはありません。すべて役割をもっていて「私全体」のために働いています。

右利きの人は右腕を中心に手は働き、左手は右手の働きをサポートします。一見、右手が主役のようです。しかし、食事をするとき左手は「縁の下の力持ち」ならぬ「お椀の下の力持ち」です。

ボクシングを考えてみましょう。ボクシングで右利きの人は左足を前に出してファイトします。体も左を前にします。左手は相手をけん制するジャブを出したり、相手のパンチを払う役割として働いたりします。利き手は攻撃を主体とします。

そしてディフェンスにおいては右利きの人は左手を前に出して顔を守る（左利きの人は右手を前に出して顔を守る）というのが一般的でしょう。

つまり、何においても左手は右手に準じているわけではなく、「危険！」という場において、左手は右手以上の犠牲心を発揮するのです。

足と腕が力比べをしました。当然、足が勝ちます。では、足が腕より偉いのでしょうか。当然違います。役割が違いますからそれに準じて長所も異なるのです。

耳は物を見ることができません。目は音を聞くことができません。口は匂いをかぐことができません。鼻は話すことができません。

当たり前過ぎますか？　私の言っていることが……。でも実際には、人間もこれと同じなのです。しかし「但し書き」がつくのです、これには……。「霊的には」という。

人間の体を他人と比べますと、一人の人間の身体の各部分とは違いみんな同じ形をしていますのでこれに気づくことができないのです。しかし霊的な存在としての人間の生きる役割こそ、人間が存在している意味なのです。

では更に、自分を確立することの重要性について考えてみます。

脳から発せられる情報は、いつもそれぞれのために異なるものとしてやってきます。先のボクシングで相手のパンチが顔に向けて飛んできたときに脳は左手だけに「手を上げましょう」という意思を発するのです。その意思を汲んだ左手が脳と同意して顔を守るのです。

人が他人を気にして生きているということは、右手が、そして足が、左手の様子を見ていて、自分もそうしようとすることなのです。これがバランスを崩すのです。脳は足に対しては「しっかりと踏ん張って」あるいは「後ろに下がりなさい」という情報を出すかもしれません。

さて、「脳」を「神」として「身体の一部一部」を「人間」としますと、神は人間に対して自分の役割を果たせるような情報を、あるときは直観として、あるときは人の言葉として、一人ひとりに気づくように示そうとします。そしてそれは一人ひとりが進化するための情報でもあるのです。さらにそれは、「人と同じことをしなさい」という情報ではないのです。

これまでの説明からそれはむしろ「人と違うことをしなさい」というメッセージとしてやってくるということをきっとお分かりになっていただけるでしょう。ですからこの情報を受け容れることはとても勇気のいることとなるのです。人類一人ひとりの役割には同じものはないという前提から大げさに言えば、それは常に「前人未到」のことに着手せよということだからです。既存の知識や情報にはないことやこれまでの経験にはないことが多くあるのです。

正しい情報は自分で探すしかないのです。しっかりと自分を確立しておかないと、この情報はなかなか受け容れることができないのです。

この情報を**「真理」**と呼びます。

真理とは神とつながった本当の自分の中から役割を果たすための情報や、成長をうながすための情報として、常に自分固有のものとしてやってくる異次元からのメッセージです。

すなわち、真理は人によって異なるのです。〝今〟に合わせて常に動いていて一瞬一瞬、変化しているものなのです。

ここでまた繰り返しますが、映画「マトリックス」の中で預言者との対話を終えたネオにモーフィアスが語った、**「預言者が話したことは君のためのものだ」「君だけのものだ」「預言者は必要なことだけを言う」**……という言葉は、真理は一人ひとり異なるということを意味しているのです。

次の情報は「自己確立」について語ったものです。第一章の最後にも抜粋しました**『ET地球大作戦』**（コスモ・テン発行）での〝銀河カウンシル作戦本部〟からのメッセージです。ちょっと長い抜粋になってしまいましたが、とても素晴らしいメッセージです。

注意していただきたいことは、ここで言う「スピリット」とは魂よりさらに高次元にあり、肉体を着たことのない高次の自分です。

この作戦（地球を光の星にすること）には作戦概要および目的はあるが、具体的な戦闘計画はない。その理由はまず我々は戦闘行為に従事していないということであり、もうひとつの理由は、我々の行動のすべてはスピリットによって導かれており、スピリットの要請に応じて常に変化するということである。こういうわけで、諸君もスピリットの導きに従っていつでも計画を変更する覚悟が必要であり、突然召喚されて新しい任地に行く覚悟も必要である。昨日は真実であったことが、明日は真実ではなくなるかもしれない。瞬間瞬間に何をするべきかについて、スピリットの指示を仰ぐようにしなければならない。

スピリットに頼ることこそが諸君の使命である。同時に、スピリットに頼ることが作戦本部およびすべての味方の勢力と直接の電話回線でつながることでもある。（ここで思い出してほしいが、作戦本部は諸君の外部の権威ある存在ではない。我々は内面的かつ外面的なサービス機関であるが、諸君が何か相談したい場合には、外部の権威者に頼ることのないように強く勧告しておきたい）諸君がどこにいるべきか、何をなすべきかといった問題について、諸君のスピリット以外の何者も真実を伝えることは不可能である。霊的な自立こそ、意識の本質的な転換であり、作戦本部がこの惑星で実現しようとしていることである。霊的な自立はまた、諸君一人一人が個人的にこの惑星のために成し遂げると同意した転換でもある。準備万端の体制を整えておくように。目を覚まし、耳を覚まして聞いてもらいたい。今、スピリットの諸部隊が配置についているところである。

クリシュナムルティの恐れ

いかなる人間もあなたに自由を与えることは出来ません。あなたはあなた自身の中に自由を発見しなければならないのです。

――クリシュナムルティ

この章の最後に、ホワイト・ブラザー・フッドから直接、ティーチャーとしてのイニシエーションを受け、世界に七つあるミステリースクールのひとつである「ロッキー・マウンテン・ミステリー・スクール（米ユタ州）」（日本オフィスの連絡先：トライオライト・ジャパン　電話03・5312・1935　http://7thmysteryschooljapan.com/）を管理監督するグッドニー・グドナソンさんから聞いた話に私の情報を加え、クリシュナムルティの一つの物語を記します。というのはこの『マトリックス』という映画を観て初めに強く思い浮かんだのが、次のクリシュナムルティの経験だったからです。

シドゥー・クリシュナムルティという少年がインドで見いだされました。クリシュナムルティは1909年、彼が14歳の時に神智学協会の設立者ブラバッキー婦人の秘書で次期会長になったアニー・ベサント女史によって見いだされました。

偉人の多くがそうであったように、彼もまた学校の勉強にはほとんど興味を示さず、毎日のように教師の鞭《むち》を受けていたのでした。

しかし神智学協会の人々にはクリシュナムルティが特別の人だということは容易に判りました。実際、彼は協会の人々の意識を高めたり、触れただけで人を浄化したり、様々のことを為すことができたと聞きます。ですから多くの人から彼はメシア（The World Teacher）であり、この星の新しいキリストだと言われました。

クリシュナムルティは自分の内なる神に忠実でした。自分を知り、信じ、すべてを受け入れ、奉仕に生きました。怒りがなく、人を憎みませんでした。すべての学びの過程を既に完了している愛の人でした。たった一つの恐れを除いては……、それは、「自分がメシアかも知れない」という他人からの評価に対する恐れでした。

そんな悩みを打ち明けるべく、ある日、ある木の下で、成年クリシュナムルティは神様にこうたずねました。

「私はメシアですか？……」

神様の答は、

「ノー」でした。

そのとき彼はとても喜びました。彼にはもう留まるエネルギーはありませんでした（神智学協会は大変な騒ぎになってしまったそうですが……）。

そのときクリシュナムルティは人が自分に被せた仮面を取り払い、自分自身の道を正面を向いて真っ直ぐに歩き始めたのです。

クリシュナムルティは常に自分の中の理性と波長を合わせていたので、自分以外の判断を気にしている自分に、真の自由を感じることができなかったのです。彼の無意識（高次元の自分）は、「真の自由と真理は自分の中にある」ということを理解していたからです。

自分の中からの神の声で、彼は「自分を生きる」という真の自由を思い出したのでしょう。彼の無意識は、真理というものは自分の中にあって自分でしか認識できないものであるということを知っていたのです。真理は決して人から人に受け継がれたり教えられたりするものではなく、神ですら、人に言葉をもってして教えることのできないものであるということを……。神の言葉が真理なのではなく、神の想いに真理はあるのです。

そして重要なことは、真理は一人ひとり違うからこそ、一人ひとりが神とつながって自分の中から自分の真理を発見し、自分の道を歩まなければ自分の真理は理解できないということです。

また、真理は概念ではなく常に動いているので、「これが真理だ」と言った時点で既にそれは真理ではないのです。真理はそれぞれの生命が進化するために〝今〟、それぞれの心の中に現れて来るものだからです。

クリシュナムルティは真理についてこう語ります。

真理は静止しているものではありません。それは固定した住居を持っているものではありませんし、終点や目的地もないのです。その反対に真理というものは、生きて活動しているものであり、敏捷《びんしょう》で活気に溢れているのです。どうしてそれに終点があったりするのでしょうか。真理が固定したのもであるなら、それはもはや真理ではありません。それは単なる一つの見解に過ぎません。真理は未知のものです。しかも真理を求めている精神（知識を伴う思考、あるいは潜在意識＝筆者所感）は、それを決して発見できません。

なぜかと申しますと、精神は既知のものから作られているものであり、それは過去の結果、言いかえれば時間の結果であるからです。あなたはその事実を自分で観察することができるでしょう。精神は既知のものの道具であるため、それは未知のものを発見することが出来ません。精神は既知のものから既知のものへと進むことができるに過ぎないのです。

『自我の終焉——絶対自由への道』（篠崎書林発行）より

［第四章］ 意識について

GRACE

様々の私

今から十年程前に、自宅で私が身支度を終え出かけようと部屋を出ようとしたとき、何か背後の本棚が気になりました。もう出かけなければと思いながらもどうしても気になり部屋に戻りました。そして何気なく本棚の扉を開け、その中から無意識に一冊の本を取り出しました。それは、マルコの福音をもとにした矢内原忠雄氏の講演記録を一冊にまとめた「イエス伝」という本でした。

さらに何気なくページを開きそこから文字を追い始めると、磔《はりつけ》になっているイエスを前に、雄鶏が鳴く前に強い誓いの言葉を含めてペテロが三度「私はその男を知らない」と、イエスを否認したページでした。読み始めてすぐに私の中から熱い想いが湧いてきて目から涙がこぼれ始めました。私は声を上げて泣きだしました。

私はしゃがみこんで全身を震わせながら小さな子供が号泣するようにさらにワーワーと泣き続けました。1分、2分、3分……目に涙が溢れ、涙はポタポタと畳に落ちていました。

しかし、そのときの肉体に近い私、すなわち私の現在意識は冷静でした。感情的になって嬉しいとか悲しいとか感じていたわけではないのです。

「どうしてこれほどまでに泣き続けるのだろう」「いつまで泣き続けるのだろう」というのが、泣いているときの私の正直な思いでした。この『マルコ伝』という本は既に二度ほど読んでいましたから、なぜ今になって急にこのような現象が起きるのだろうかと不思議でした。

何か私の奥底から別のエネルギーが止めどなく湧いてきている、そんな感じだったです。

私たちは自分とは一人だと思っています。少なくとも私たちが考えたりしているとき、自分一人で考えていると思っています。

私も通常は一つの意思で統一されている感覚で生活しています。しかし現実社会で肉体をまとった自分が喜んだり悲しんだり、大きな苦難に遭って右往左往したりするとき、そういう自分とはまた違ったもう一人の自分が、自分に起きている様々の現象を冷静に観ている、という〝目〟を感じることがしばしばあります。このような場合は、冷静なのは肉体に近い自分ではなく、もう一人の自分ということになります。先の、ペテロがイエスを否認した文章を読んだ時の現象とは逆のケースになりますが、そのときの自分も、もう一人の自分へのコネクトが強まっていくに従い、妙に冷静になっていくのです。

私がキーボードに向かって自分の感じるままを文章にしている今も、基本的には私には私一人で感じていることを言葉にして書き留めているように思えます。しかし、微妙に何か別のエネルギーというか、通常の私とは違った感触というか、言葉では言い表せないようなエネルギーの関与を感じます。

私には自動書記のように自然に手が動いてしまうということはないのですが、流れるような想いが自然と自分の中から湧きあがってきたりすることがあります。また感傷的になったり感動したりしているわけでもないのに自然と涙が出てきたり、そんな不思議な感触を交えながらキーボードを打ち込むことも多々あります。それは自分自身でもあるような、あるいは自分とは別の何かが語りかけているような、そんな雰囲気を伴うことがあるのです。

キーボードに向かっていないときも、例えば窓の外をボーッと眺めていたら突然あるビジョンがやって来て動き出すとか……。その情報が素晴らしければ素晴らしいほど、正直に言って「何でこんな至らない自分にこんなことが分かるのだろうか」「おかしいな」というような気分になったりするものです。

自分にやってきた真理が、正しきものであると確信をもったとき、それは単なる「直感」とか「私の所感」とかいうような類《たぐい》の、曖昧なものでは決してないのです。普段の表面的な自分とは違うところからきているような気がするものの、情報は明確で存在感があるのです。ですから表現も勢い断定的になります。

私たちの「私」とは一体誰なのでしょうか？

まず、人間の意識構造というか、普段、私たちが私と思っている私が、多重の意識の関与を受けていることを、譬え話や、私の経験を参考にして述べてみますが、最終的には自分とは誰かということは明確にはなりません。自分であるような自分ではないような……。自分の領域というものは、ここからここまでというように単純に設定できるものではないのです。

いずれにしましても、本物も偽物もすべて自分の中を通してやってきます。そして真理も一人ひとり固有のものとして自分の中から訪れてきます。**あらゆる宗教の教義にも、あらゆる神の神示にも、真実はあっても真理は一切ありません。**真実は動かず定まったものですが、真理は定まったものではなく常に動いているからです。

そういった様々のエネルギーが訪れるときには必ずエネルギーの表情をもってやってきます。それを読み取る感性がこれからは大切になってきます。

「私」の意識構造

子供が川に落ちて流されている場面に居合わせた人の譬えをあげて、現在意識や潜在意識や魂の意識など、様々の意識の反応をみてみます。

想像してみて下さい……。

今、「私」は川辺に座って川の流れを見ています。すると川上から溺れた子供が流されてきました。「私」は何を感じるでしょうか？

●『アッ！　子供が溺れている、助けなきゃ、それが人としての生き方だから……』『しかし待てよ、溺れている人を助けようとして巻き添えになることもよくあるようだ……』

これは「困っている人は助けなければいけない」という、教育によって意識づけられた概念や、自分が形成してきた善悪の観念などから脳を駆使して考え、判断しようとしている意識です。これは顕在意識や表面意識と呼ばれるものです。これをここでは「現在意識」とします。

●川に飛び込もうとするんだが、『川は冷たい』『恐い』などという想いが湧き上がり、足がすくんで動けない……。

これは過去の経験が強い記憶となり、現在意識の下に潜伏している意識の想いです。これを「潜在意識」とします。これは常に表面意識に出ているわけではないのですが、事があると記憶がよみがえり、表面意識に顔を出し、良心や魂の声との間で意識の判断に影響を与えたり、癖のように一定の行動パターンを取らせたりするものです。

●『気が付いたら我を忘れて無我夢中で川に飛び込んで子供を救っていた』という様な行動にいざなう意識があります。

これを「無意識」とします。無意識というのは、人間が作った概念とか観念とか恐れとかを超越したところの意識で、魂（やスピリット）の領域もこの辺りにあると私は考えています。「魂の意識」は三次元の人間のエゴとは異なるところにある精妙なバイブレーションの神の意識で、魂は神やスピリットと現在意識との橋渡しもしていると考えられます。

心を洗うことで潜在意識がクリアになると、この神の意識が魂を通じて現在意識とつながり、肉体を動かすと考えられます。このとき人は神としっかりとつながった状態となるでしょう。人が神を体現している瞬間と言ってもいいかもしれません。

以上は自分側の意識と言えますが、これに私たちを導こうとしたり、守ろうとしたりしているガイド（日本でいうところの守護神、守護霊、指導霊など）や宇宙人からのテレパシーまで入ってくるのです。また、心が洗われていないほどに魂とのつながりも弱くなり、邪悪な存在の意識の影響も多く受けるようになります。最近起きている少年の凶悪犯罪などは、そのほとんどが邪悪な霊的存在からの影響を無視できないでしょう。

魂とつながる

もう十数年ぐらい前からよく見受けられる行動ですが、エレベータを降りるときに何を思ってか後に残った人のために降りる瞬間にエレベータ内の「閉」のボタンを押す人がいます。しかしそのほとんどの人が、開いたエレベータの向こうに乗ろうとしている人がいるかを確認していないように見受けられます。扉の横でエレベータを待っている人がいるかも知れないのに。

これは果たして、エレベータ内に残った人のための「思いやり」なのでしょうか？

自分の背後の人を気にして扉の向こうに思いが行かないというのは、むしろ自分が降りることで、一緒に乗っている人に「待たせちゃいけない」という後ろめたさをもち、それがこのような行動に現れてしまうのではないでしょうか？

待たせたってほんの一瞬なのです。人間の魂というものはこのような余計なことは考えないのです。

「魂とつながる」ということで、私が小学生のころ、バスの中でお年よりの女性に席を譲ろうとしたときの経験を譬えに出してみます。

私は学校などではお年寄りには席を譲りましょうと教えられていました。ある日バスの中で私の前に年寄りの女性が立ちました。私は子供としての義務感をもって彼女に席を譲ろうと立ち上がったのですが、その女性は抵抗感を示しながら座ることを拒んだのです。

後で考えてみますと、その女性は小学生の私には年寄りと見えても、実際には50代半ばぐらいの年齢であったような気がします。女性にすれば「失礼しちゃうわ、私はそんな年寄りではないわよ」ということなのです。

私が知識や常識や義務感だけで行動し、真の思いやりからの発動をしなかったからこういう失礼なことが起こったのです。

年老いた私の父などは、乗り物に乗っていて席を譲られたら、ありがたく受けるものだ言います。しかしそういう、なあなあのお決まりの行動パターンでは、そのときは穏便にいっても、気づきもなかなか生まれないのです。席を譲って、女性が拒否してくれたからこそ、私は、私の思いやり的行動が自分の良心に根差したものではなくて、外の概念によるものであったことに気づいたのです。

私の現在意識が私の魂と正しくつながっていれば、私の魂と女性の魂は正しく通じているので、その想いが正しく共同創造され、きっとその女性に席を譲るような失礼はしなかったことでしょう。しかしそうではなかったのでした。そしてそれはそれで、次の共同創造の意図があったと考えることもできるのです。

私の魂やガイドが、私の現在意識に本当の思いやりとは何かを知ってもらうために、女性の魂に「自分はあなたに席を譲ることになりますが、そのときの私の申し出を断ってくれませんか」という共同創造を依頼していた可能性があるのです。

わけが分からなくなってしまうかも知れませんが、大切なのはお年よりに席を譲ることではなくて、**私たちの日々の行動の中に、相手の痛みや悲しみを正確に感じることの方向性が創造されているかどうか**ということです。つまり、意識が自他一体に向けて進化する状況が生活環境の中に造られているかどうかということなのです。

私たち自身の意識と、私たちを取り巻く霊的存在たちは、このように意識の進化を意図して、様々な仕組みを考え、共同創造しているのです。

今は、外の概念に縛られて行動する時代とはさよならするときなのです。自分の中に湧きいずる良心の想いに従うのです。そして今の時代にもっとも大切なことは、その自分の良心の想いに忠実に行動するということなのです。

この意識の成長状態に達することが、三次元の卒業を間近にした人間として一番大事なことであり、アセンションへの条件になることでしょう。

「何を大げさな、たかがバスの中の話ではないか」と思われる方がいるかも知れませんが、こういう日常的で小さなことで自分を省みることができると、大きな困難の経験をしなくても意識を高めることができるということなのです。

進化の仕組みに気づく

私たちの生活は、常に共同創造の中にいます。天も宇宙も、日々の生活のなかに多くの気づきを用意しています。しかしほとんどの人はそのせっかくの仕組みを単なる偶然で処理しています。当たり前のことです。宇宙の意思というものをそもそも信じていないのですから。

次の私の経験は、今から11年程前のことですが、本当によくできた偶然、いや、進化の仕組みでした。

昔、私と妻と当時2才の息子の3人で近所の遊園地へ行き、子供と子ウサギなどとのふれあいをつくるために用意された小動物を入れる四角い箱を前にしていました。

私たち家族の隣には、女の子と、その母親がいました。

四辺の二辺に二家族がいました。L字型に左の辺の左から、私の妻、私、私の息子、右の辺の左から女の子、女の子の母親というように、5人が台を囲んでいた訳です。

すると、私の右にいる息子を、息子の右隣の女の子が押し倒そうとしました。それを見た私は、思わず女の子の体を強く押してしまいました。女の子の体がグラッとしました。それを見た私の妻は私に言いました。

「ダメじゃない！　ウサギをこっちにやってくれたのよ」……

つまり、当時2歳で背が低く、ウサギに手が届かなかった私の息子に、息子よりひとつ年上ぐらいの隣の女の子がウサギを息子の方に寄せようとして、息子を押してしまったのでした。

私は恥かしさでいっぱいでした。

それからほぼ1年後、

今度は私と息子の2人が、1年前と同じ遊園地の、同じ台の、同じ位置にいました。妻はいませんでしたが息子のすぐ右（L字型の台の右側）には1年前の女の子とは別の女の子が、その右には女の子の母親がいました。そうしたら、3歳になって背も伸びた息子が、自分右隣にいる2歳ぐらいでウサギに手の届かない小さな女の子の手許にウサギを寄せてあげようとしていました。そのとき息子の体が女の子を押してしまい、女の子は倒れそうになりました。それを見た女の子の母親は、なんと息子を押し返したではありませんか。

私はあ然としました。母親の行為にではなく、1年前のことをそのとき思い出したからです。

私が以前したことを、そのまま返していただいたからです。この偉大な宇宙の意思に、私は心から感謝しました。

何しろ天は、息子の手がウサギに届くまでに成長するまで1年間も事を起こすのを待っていたのですから。こういう「偶然ではない」と思えるような母と子を捜したり、彼らや私たちがちょうどそのとき遊園地のその場所で出会ったり、いろいろと行動を起こすような仕組みやインスピレーションを送ったりすることは本当に根気のいる大変な作業だと思います。天にいくら感謝してもバチは当たりません。

そして、すべてが1年前と逆でした。たった一つのことを除いては……。それは私の妻がそこにいなかったことです。なぜでしょうか？

必要がなかったのです。妻が、私を叱ることの……

今もなお、この世には偶然はないという気づきの経験を、私はたくさんさせていただいています。人が不幸であるとか幸せであるとかいうことも皆、現実は全部自分の内面の反映なのです。私にはこのようなことが本当に多く起こっています。いや、「私には」ではなく誰にでも起きています。しかし気づかないだけなのです。神の意思に意識を向けないからです。もったいないことです。これに気づくと進化は一段と飛躍するのに。

ただ、ひとつ言えることは、どうせ気づかないし反省もしないという人には、わざわざいろいろな仕組みを天や宇宙は人に用意しないかもしれません。無駄だからです。その場合の進化の方法として、天は別の方法を与えることでしょう。カルマ（原罪）の法則は、そのために宇宙創造神によって考え出された法則と言ってもいいでしょう。カルマについては本書では触れませんが、カルマは人の恨みが元で動くように作られています。

意識がつながっていることの経験

ここで私たちの意識はつながっていて分かり合えることの私の経験を二つお話します。ユングのいう「深層意識はつながっている」ということと同じことなのですが、ここでの話は私と私の息子とが通じていることの話ということもあり、魂や深層意識というよりも、もっと肉体側の意識がつながっていることの話になると思います。現在意識やマインドなどの肉体ができたときに生じる意識ほどＤＮＡの影響を受けていると考えられ、意識の交流もしやすいからです。

例えば、宮崎県の幸島に住む一匹の猿がサツマ芋を海水で洗って食することを覚えたのちに、それが他の幸島の猿に伝播したといいます。４年後に幸島の75パーセントの猿にまで拡がると、その意識は遠く離れた大分県の高崎山の猿にも起こり始めたのでした。猿の意識が猿に伝播するのです。これは遺伝子が同じだと伝播しやすいということの一例になると思います。

まだこの書ではふれませんが、先祖供養や先祖崇拝の重要性などもここにあるようです。血のつながりの強いほどに肉体に近い意識もつながりやすいということなのです。

このことの理解は近い将来に私たちが知ることになるだろう、日本がもっている世界的な役割、地球がもっている宇宙の特別な役割ということを理解する場合にも、きっと大変に重要なこととなるでしょう。

では、私の経験をお話しします。

私には現在、中学生の息子がいますが、彼が3歳の時の話です。

● 以前、私の知人が私に「僕が電車の中などで声を出さずに心の中で歌を歌っていると側の人が同じ歌を口ずさむことがある」と言いました。ある日、私は当時3才の私の息子と家で遊び疲れ、二人で並んで畳に寝転んでいたときに、ふとこの知人の話を思い出したのです。

私は、声を出さずに心の中で「犬のお巡りさん」という歌を歌ってみました。すると、なんと間もなくして、声を出さないで心の中で歌っている私と一緒になって、息子は「犬のお巡りさん」を、声を出して歌い、私の心の中の歌と合唱しだしたのです。

それから6年後、彼が9歳の時の話です。

●　ある日の夜、家にいた私はなんの気なしに私が寄稿をしている「宇宙の理」という雑誌のバックナンバーを手に取りました。そしてあるページを読み始めました。それは日本人はいつも我慢をして生きてきて自分を生きていないこと、自分を殺すことを美徳と思い、いつも人と同じように行動しようと努めていることなどを指摘した私の文章でした。

そのとき息子は、私が本を読んでいると知らずに隣の部屋で蒲団を被って横になり、眠ろうとしていたのでした。しかし突然、息子は蒲団《ふとん》を剥《は》いで立ち上がり、隣の部屋から私にこう問い掛けてくるではありませんか。

「お父さん、ちょっと聞きたいことがあるんだけど」「あのね、日本人っていうのは自分のしたいことをしないで我慢している人たちが集まってるの？」と……。

これは息子が私の想いを受けて「日本人っていうのは……」と感じたのです。９才の子供の発想ではありません。

先の私の心の中の歌と息子の歌（肉声）の合唱の場合は、私が心の中で歌を歌っているとは知らない息子は、自分の意思で歌を歌いだしたと思っているわけでが、本当は私の想いが元で歌いだしたのです。

また、日本人は周りを気にしていて自分を抑えてしまうという現実を、私が自分が書いた文章を読みながら再確認しているという、私のマインドの思考をインスピレーションとして受け取り、さも自分が考えているかのように（否、自分が考えたことであることには違いない）、息子自身がもった疑問として私に質問してきたというわけです。

そのときの息子は一体、誰だったのでしょうか？

親と子は遺伝子を共有するので、肉体ができたときに作られた光の体の意識も通じ易いと考えられます。ですから、親が子に与える影響からは、親が常に何を考えているかの責任は重大なのです。

魂について

キリスト教はイエスを唯一の神と定めてしまったので、キリスト教信者は、人は神ではないと思ってしまうようです。

あるとき日本在住のアメリカ人女性と「人は神」ということについて話をしていて、私がイエスの言葉に触れ「イエスはあなたの中に神の国はあると言いましたね」と言うと、彼女は「それは人の中に神の国があるということであって、人が神であるということとは違う」と応えました。西欧人に対しては「人は神」などとは迂闊《うかつ》に言ってはいけないようです。

確かに「私は誰か」と考えたときに、自分を現在意識としてとらえるか、潜在意識までも含めた魂としてとらえるか、その中でも純粋な魂の部分としてとらえるか、あるいはもっと高次のスピリットとしてとらえるかで、人によって「私」は異なるのです。今は死語になりましたが魂も厳密には魂魄《こんぱく》というように分けられていました。

つまり魂にしても、人それぞれが魂にどのような概念を加えもっているかで、それぞれの「自分」のとらえ方はまったく異なるのです。

一般的には、それでも魂は高次元の自分の代表的な呼び方と言えるかもしれません。ここでもそうとらえていただきたいと思いますが、ほとんどの人は魂と霊をごっちゃにしています。日本語の魂も欧米でいうところの「ソウル」とはやや意味合いが違うようです。ニュー・エイジでは高次元の自分をソウルと呼んだり、それとは別のものとして「ハイヤーセルフ」という呼び名で呼んだりもします。あるいはこれらよりさらに精妙な波動をもった、肉体をもたない意識を「スピリット」と呼んだりします。スピリットになると直接肉体をもつ経験をしません。そしてこのスピリットは日本語になると単に「霊」と訳されて場合によっては幽霊レベルにまで次元を落としてしまったりもします。

考えていると何がなんだか分からなくなってしまいます。

とはいえ、ここでは〝魂〟という言葉で神の領域の自分、本当の自分を表したいと思います。

このように普通は魂より上が神の意識であり、生まれ変わるのも魂であるという考えが日本では一般的です。しかし生まれ変わるのは魂ではなくスピリットが魂とつながって人生を経験する（エマネーション）という考えもあるようなので、その方はどうぞ、この書で以後いうところの「魂」を「スピリット」に置き換えて読み続けていただきますようお願いします。

私は外国人の方と精神世界について話す機会が時々あるのですが、言葉が作る誤解が多いことに困ってしまいます。日本語の「真理」も「真実」も英語では〝Ｔｒｕｔｈ〟と訳されますが、真理と真実は明らかに意味を異にします（もっともこれなどは日本語で話すのも大変なことなのだが）。簡単にいえば真理は（前章で述べたように）一人ひとり異なり常に動き変化します。それに対し真実は不変であり普遍です。私たちは、絶対普遍の法則のことも含めて真理と呼ぶことのほうが多いのかもしれませんが、それは真理と真実をひとつにくくっているということになります。厳密にはその場合の真理には二つの意味が内包されていることになります。

英語の〝Ｍｉｎｄ〟も〝Ｈｅａｒｔ〟も、日本語では両方が〝こころ〟と訳されることがありますが、マインドは頭脳をイメージし、ハートは心（臓）をイメージします。どちらかというとマインドは思考と感情（エモーション）に近く、ハートはもっと精妙な意識や感情（フィーリング）に近い領域にあるように私は感じています。

ともかく、言葉によるコミュニケーションは、互いが言葉の意味を異にしているのに、互いが分かりあったようにうなずき合っていても、まったく分かり合っていない場合があるのです。

言葉は物事を制限する役割をもつ

現在意識や潜在意識、無意識、魂の意識など、この本でもある程度、言葉によって概念化してしまいましたが、本来はこのような概念はもたないほうが真理への近道なのかも知れません。固定されるほどに真理は真理それ自体から遠ざかってしまうからです。なぜならば、言葉は物事を制限することでコミュニケーションの役割を果たしますが、真理は制限されること、固定されることを嫌うからです。

例えば、私は男性で、年齢は幾つで、家族構成はどうで、身長は、体重は、趣味は……。と続けば、私はどんどん具体化されます。しかし、肉体を取り除いた真の私の実在からはどんどんと離れていくのです。

これは換言すればこういうことです、目の前に目に見えない真理があったとします。でも、その真理に水をかけて、さらに砂を掛けたら真理が姿を表しました。しかし、見ているのは真理でしょうか？　もちろん違います。真理が着ている砂なのです。私の実在と私が着ている肉体と同じ関係です。

私たち三次元の人間は、自分たちの実在を直接感じとることができないので、五感という三次元レベルで接触してお互いの実在のエネルギーを感じとろうとしているのです。

言葉も、視覚や聴覚で読み取られます。書物など、言葉でものごとを説明するものも同じです。言葉は現人類には最も手軽で便利なコミュニケーション手段です。しかし、残念ながら言葉はこのような形而上のことを具体的に表そうとしたとき、実在を直接語れないという宿命をもちます。これは避けられないことです。

双方が同じ理解をしているにもかかわらず言葉に出してしまうと噛み合わない、ということもよくあることです。

そんなわけで、この本を読み終えたときも自分の霊的概念を含め、一度すべてを白紙に戻してから、真理として自分の中から戻してもらうという作業が必要なのかも知れません。もしも明日、「魂は人の足の裏にある」という人と議論する羽目になっても、喧嘩にならないためにも……。

魂という使い古された言葉には人それぞれのいろいろな概念が付随していて、共通の理解はなかなか難しいものですが、この書の中では敢えて〝魂〟を真実の私として、私たちが生活する中で考えたり悩んだり、悲しんだり怒ったりしている意識ではなくて、無意識の領域にあって神から分かれた純粋な意識を受け継いだ「ピュアな私」としてきました。そして以後もそうさせていただきます。

いずれであれ、この神の意識レベルを自分と位置づけることが「私は神」を思い出すことの第一歩となります。

「私は神」を信じる者は救われる

それでは一体、私とは誰でしょうか……？

多分、ほとんどの人は自分の表面意識と、事ある毎に表面に顔を出す潜在意識が自分の全てだと思っています。魂を含め自分を意識している場合でも、魂とこれらの意識との区別をつけていません。つまり人は平均的に、神ととらえるにはあまりにも荒い波動でしか自分を意識できないので、自分が神などとは考えられなくなってしまっているのです。

さらに映画「マトリックスのコード」に例えられるように、自分に絡んでいる霊線を通して、波長を合わせて働きかけてくる邪悪な存在の意識（映画では人工知能の働きかけ）までも自分と思っているのが現実なので、とても自分が神であると信じて、自分の創造力を信じて生きることなどできないのです。実際のところ、ほとんどの人間は邪な意識の傀儡《かいらい》と言っても過言ではありません。

しかし、自分を神と位置づけられないこの観念こそが、邪な意識とつながるコードを断ち切って、自分を神として行動させることにブレーキをかけているのです。映画マトリックスでは、主人公のネオがメシアとしてその役割を果たし人類を救いましたが、現実はそんなに甘くはありません。現実の地球では自分のコードは自分で断ち切らなければなりません。

自分が自分のメシアとなるのです。

「私」を低い意識としてとらえていると、いつまで経っても「私は神」を体現することができないでしょう。これからの五次元に向かう新しい地球では、自分は神の意思とつながり、神の意思を地上で演じることが人間の役割であるということを思い出して、それを明確に理解して行動していく必要があります。そのためには神の意識としてはそぐわないと思われる潜在意識を心を洗うことで天に上げないと、自分が光とつながって光と共に生きることが不可欠となるでしょう。

自分を神と信じて行動できるような情報は、私たちの潜在意識というヴェールの向こうにあるからです。

『インディ・ジョーンズ』の目に見えない橋（アビスの河）

さて、この章の最後に、ジョージ・ルーカスの『インディ・ジョーンズの最後の聖戦』を譬えに神を信じることについて書いてみます。

ジョージ・ルーカスが制作・監督をする『スターウォーズ』などには、スピリチュアル的に見るといろいろなヒントが隠されています。特に『**スターウォーズ・エピソード1**』はよくできている作品でした。ジョージ・ルーカスの作品には21世紀に向けてのメッセージが多く入っています。

昔から伝わるイスラエルの智慧である神秘的伝統――「カバラ」の教えの図式である「生命《いのち》の樹」は、多くのセフィロート（道）で構成されます。セフィロートはいくつかのトライアングル（三角形）を構成します。最上のトライアングルは神の世界であるスピリットの世界のセフィラーをもちます。神の「愛」のセフィラーである「ビナー」と、神の「意思」のセフィラーである「チョクマ」が左右にあり、最上に至高の三角形の頂上である「ケセル（クラウン）」があります（「セフィロート」は「セフィラー」の複数形）。

その下の三角形は人の（と言っても魂レベルの）愛と意思の世界です。カバラを学ぶ者が最後に神の愛を勝ち取りカバリストとなるには、神にすべてを託し全面的に神の愛と意思を信じることで最後の神への境界を超え、神のトライアングルへと進まねばなりません。その魂とスピリットとの境界に立ちはだかるのがアビスの河です。

前章で紹介したロッキー・マウンテン・ミステリースクールを運営するグッドニー・グドナソンさんは、映画『**ハムナプトラ2**』の終わりのほうの場面でイムホテップ役の主演助演者であるアーノルド・ヴォスルーを飲み込んだ河は、アビスそのものだと言います。

私がアビスを思うとき、思いだすひとつの映画があります。それがジョージ・ルーカス制作の『インディ・ジョーンズ最後の聖戦』です。この映画の見えない橋を渡るシーンは、見ものです。ここでもアビスが別の形で現されています。

この『インディ・ジョーンズ最後の聖戦』という映画は、永遠の命を得ることのできる聖盃を探すナチスに、ハリソン・フォード演じるインディ・ジョーンズとその父親を演じるショーン・コネリー親子が巻き込まれるという物語です。

物語の終わり近くで、聖盃のある入り口の近くでインディの父親が銃で腹を撃たれます。永遠の命を授かる聖盃で父親の命を救うためにインディに聖盃を取りに行かせようと、ナチスがたくらみ、インディの父を撃ったのです。インディは、聖盃とそこに入れる泉の水を求めて危険に立ち向かいます。ところが、その聖杯のある場所に行き着くには、三つの試練のある関門を通り抜けて行かねばなりません。

それぞれの関門にはそれを抜けるためのヒントがあります。一つ目の関門を抜けるヒントは「悔い改める者だけが通れる」(反省するものが救われる)で、二つ目は「神の名を呼ぶ者だけが通れる」(神の存在を信じるものが救われる)です。この二つの難所を通り抜けたインディは最後の難所に向かいます。

先の二つはヒントの謎を解き、その通りに進めばよかったのですが、最後は違います。ヒントを解くことで得た答(論理的知識や情報)だけではクリアできないのです。神に全幅の信頼を置き、神と一体である自分を信じて進まねばなりません。

最後の試練を成し遂げるヒントは「**ライオンの頭から跳躍する者だけがその価値を認められる**」で、ライオンの彫刻を背にし、聖盃のある方に行かねばならない場面でした。ところが、その先は橋のない絶壁なのです。

腹を撃たれ、インディから離れ横たわる父親は苦しみの中で息子への想いをこう呟きます。「**神を信じれば大事にならない**」と。

断崖でしばしたたずむインディは、父のインスピレーションを受け「**神を信じて進むしかない**な」とつぶやき、見えない橋がそこにあることを信じて一歩を踏み出し進みます。すると、足は空中に止まります。見えないはずの橋がそこには確かにあるではありませんか。

最後の最後に必要なものは恐れを捨てて神に全幅の信頼を置くことでした。そして神と共にある自分の判断にも……。


このようにして私たちは先ず、神の想いを地上で演じ始めることになるのですが、そこに到るまでには幾多のテストをクリアしなければなりません。

私たちは誰もが神の御使いです。今、神は、私たちがどれだけ神の御使いとして天の仕事を任せられるだろうか？　どれだけ自分が神の子で、神の想いとつながることができると信じて生きられるだろうかと、私たちに日々、テストをしているのです。

神は恐れが反映されるテストの環境を仕組んで、そこに神の想いを送り込みます。
自分の内面を通じて。

（前略）

'Twas grace that tought my heart fear,

私の心に恐れを教えてくれたのは神の恵みで

And grace my fears relieved

恐れを解いてくれたのも神の恵みだった

How precious did that grace appear
The hour I first believed.

私が（神を）信じたそのときに神の恵みは素晴らしきものとして観じた……（後略……多くの危険、試練を乗り越えてきたとき、と続く）。

『Amazing Grace（素晴らしき神の恵み）』より
（筆者訳）

私たちがどれだけ自分の中の神の想いを信じて前進することができるか、その審判のためのテストが今、常に私たちに与えられているのです。その最大の試練が、間もなくはじまることでしょう。

神を信じるとはすなわち、「与えられている現象はすべて正しきものとして成長のために神が仕組まれているもので、愛をもってそれを乗り越えることによって必ず私たちの成長が約束されている」「物事は必ず良い方向に進むと約束されている」ことを信じることなのだと思います。

神とつながる第一の条件は恐れないことで、恐れは神とつながった糸を即座に切断し、別の想いの介入を許します。

『インディ・ジョーンズ最後の聖戦』の「見えない橋」は、「神を信ずるものは救われる」ことをよく表したものでした。

［第五章］意識の進化論

PROGRESS

進化の基本プロセス（新しい地球へのシナリオ）

私たちは子供のころから様々な教えを受けてきました。判断力のないころは親や教師から善悪を教えられ、体系的に「して良いことといけないこと」の判断を身につけてきました。成長すると共に、何が良いことで何が悪いことなのかを自分なりに理解していくようになります。しかし、それはあくまで社会常識に照らし合わせて「良い悪い」を決めているに過ぎないことが多いのではないでしょうか。

私たちは今後、良い悪いという常識としての既知の判断から、正しい間違っているという未知の判断を、光としての自分の中から浮上させていく成長過程に入っていきます。このことは、

Ⅰ　かつて天が私たち人類を導くために地球に降ろした偉大な使者の教えの中から、その意図を探ることができます。
それぞれの天の使いの教えから、私たち人類が人として成長を遂げる方向性を理解する鍵が隠されています。

Ⅱ　魂が経験する道のりを、魂がコネクトする器（肉体）を鉱物、植物、動物、人類と替えて行く過程を知れば、生命進化の足取りを理解することができ、人として生きるということを学ぶこともできるのです。
それぞれの器の意識のあり方に意識を向けてみましょう。

以下に綴る二つの情報は、私たち人類がどこへ向かって進もうとしているのかという進化のプロセスの情報とつながり、人の生きる意味を思い出す鍵と成り得る重要な情報です。
そしてこれを理解することは、純粋で無垢な心で事実を受け入れさえすれば、とても簡単に理解できることなのです。
私たちがこれから歩もうとしているこの進化のプロセスは、私たちが同意している神の「人類進化計画」のシナリオでもあります。

Ⅰ　モーゼ、ブッダ、イエス、……そして今

まず、★印でモーゼ、ブッダ、イエスの説いた教えの流れから人類の進化・成長の方向性を探ると同時に、☆印では一人の人間が子供から大人へと成長する流れを「いじめ」に例えて照らし合わせてみます。

★① モーゼは規律を教えました。
十の戒めをヤハウェイから授かり、それを神の規律として民衆に示しました。汝盗むなかれ、汝殺すなかれ、汝姦淫するなかれ……と。物を盗む人がいて、人を殺す人がいて、姦淫を犯す人がいたからです。

善悪の判断ができていない人々には、法則を形として神が外から与えることで秩序を保つという方法が取られたのです。

☆① 人の場合にも幼少の頃は善悪の判断ができません。ですから善悪を知識として教えていきます。私たちは大人たちから、人をいじめることはいけないことだよと教えられてきました。

★② ブッダは慈悲を教えました。

人の悲しみや苦しみの出来事を自分に起きたこととして想定できるようになりました。「かわいそう」という想いが湧いてきたら、そういうことはしないようにしようとする生きかたを学んできました。

☆②　人の子も、子供の頃の遊び仲間などを通じてブッダが説いた慈悲を学びます。自分がいじめられる辛さを知り、人がいじめられているのを見て、「かわいそう」と感じます。そういうことはしないようにしようと自分で自分の心に法を定めるのです。善悪を知識ではなく自分の経験を通して判断する学びが始まります。

★③　イエスは愛を教えました。正義と自己犠牲の愛を説きました。神の国はあなたの中にあると説き、その神の想いに忠実に行動するようにと教えました。

☆③　人が成長するに従い愛の実践が始まります。勇気ある人はいじめられている人を見て「かわいそう」という想いに止まらず、「助けたい」という想いが自分の中から湧いてきたら、その想いに沿って素直に行動しようとします。イエスの自己犠牲の愛に目覚めます。自分の中にある神の国の実現に向けてのチャレンジが始まります。

人類全体の進化の道のり（★）は、一人の人間のそれ（☆）と同じ道のりをたどりました。天はそれなりのシナリオの下に三人を順次、天より降ろされたのです。

そして今、イエスの後、新しい地球で必要とされるのは、いじめる人をも許し、光へと導く人。もう、神が降りなくとも一人ひとりが神と成って、地上を歩く。

この例えでは、モーゼ、ブッダ、イエスは、天の御使いとして人類を導くために、一つの目的で地球に下りてきたことと推測しています。地球では三つの宗派に分かれていますが、天にはないものです。それを人類は宗派として別けてしまいました。

新しい地球はこのようなメシアの出ない時代であり、自分が自分のメシアとなって進むときなのです。新しい地球に移行するには、自分の手で自分の扉を開けて行かねばなりません。

この新しい地球の舞台の波動レベルは既に決まっていてもう変更できません。決まっていないのは新しい舞台を演じる人の数です。新しい地球に生きる、宗教や民族といった境界線のない真の愛と自由を体現できる人類が多く現れることが急務なのです。最後の審判は今も進行中です。

つまり、もう地球の進化の時代設定はそれなりに進んでいるので、そこに住む人類の進化のシナリオもそれに倣《なら》わねば新しい地球には移行できないということなのです。

もっとハッキリ言えば、ドジョウやザリガニは泥の中に住んでいて、澄んだ水の中では長く生きられないように、地球人類が心の環境を現状のままにして変えていかないと、ほとんどの人が澄み切った新しい地球には移行できないことになるでしょう。

次に、意識や魂の進化を人間以前から遡《さかのぼ》って観て行きたいと思います。

Ⅱ　鉱物→植物→動物→人類→新人類

■印で自立のために意識が鉱物から人類へと乗り物を乗り換える過程を探るとともに、□印では一人の人間の自立への成長過程を探ってみました。

■①　鉱物はそこにただ存在しています。何もするということもなく、自分がただ存在しているという感触をひたすら感じています。

□①　人間に例えれば、母親の胎内でジッとしている胎児と言えましょう。

■②　植物は神様の懐に抱かれた赤子のように、唯々光に向かって育ちます。自分で話すことも、見ることも、食べることも、立って歩くこともできません。

でも太陽や雨や大地が食事を口まで運んできてくれます。

風や蝶は花粉を運び、子孫を増やす手助けをしてくれます。すべてが自然の恵みです。

大自然が親代わりに百パーセント面倒を見てくれます。

□②　人間に例えれば、母親の腕の中で乳を飲む、生まれて間もない赤ん坊と言えましょう。

■③　動物になると食事や子孫繁栄ぐらいは自分でしなさいと自立できる肉体が与えられます。でも、その肉体にある本能は自由意思を凌駕《りょうが》し、未だ自由な判断が許されません。本能は神の意思がプログラムされているもので、未熟な自由意思の代替品として用意されたと言えるのです。

□③　人間に例えれば、本能の代わりに親や教師がインプットした言いつけに素直に従っている小学生というところでしょうか。

■④　人類となって初めて自由意思が与えられました。ところが現代人は、未だ自由意思の使い方を充分には熟知していませんでした。未だ神とつながっていない心のままに本能の薄い、すなわち神のプログラムが強くインプットされていない肉体に入れられてしまったのです。

未熟な自由意思たちは多くの混乱を生みだしました。そこで人間の知恵は、神と離れた自由意思で善悪を決め、法を定める試行錯誤を繰り返してきました。その外枠により秩序を保つ選択を強いられることとなりました。

宇宙の法則にしても様々の書物や天の遣いを通じて外から授かるという、未だ自己の確立ができていない段階です。光と光でないものの狭間で、神と分離した意識が光を求め、闇の中で自分はどう生きたらよいのかと悩む、試練の旅の序幕が演じられています。

□④　人間に例えれば、体は一人前であっても、まだ独り立ちしていない思春期の少年というところでしょうか。いつも問題を起こしています。

■⑤　そして今、神の領域に入ろうとする新しい地球に生きる人類は、数々の経験をした意識が、いよいよ自分の内に神がいた（真理があった）と思い出し、自立して自分の真理を生きるという、自分を確立する幕へと舞台は移ります。

その舞台は何の規制も不自由もなく、自分の内なる神と直接つながり、確実に光を選択しながら自分を演じることのできる舞台です。

自己を確立した人々の生きる新しい地球の緞帳《どんちょう》が上がります。

□⑤　人となるための学びを終え、自己を確立して独り立ちするまでに成長した人々です。

現実には今はまだ、まるで自己を確立したかのようにエネルギッシュに邁進している人の多くは、偽りの自分とつながって邁進している人です。

残念ながら今はまだ、幾ばかりかの光の子が暗闇の中にある自分の光を探し出し、愛と調和の波動空間を作り出そうと励んでいる段階です。今後はこのシナリオを演じる光の子が急速に増えてくることが望まれます。

動物たちから学ぶもの

第一章の冒頭で書いた、私の中にやってきたビジョン「私は宇宙で唯一の生命」にあるように、私たちはそれぞれの自分の内面を学ぶために分かれました。そして、「周りの環境や人間関係の中に反映された自分」を学ぶ世界に生きています。自然界もすべて私たちの反映ですから、自然から学ぶことは一杯あるのです。

戦争も凶悪犯罪も経済的な出来事も、そして有名人のゴシップまで、全ての社会現象は人事《ひとごと》ではなくて、反映としての自然現象です。本来は自分の心の反映ととらえなければならないのです。なぜならば、これらは全て共同創造されたものだからです。

例えば政治家の汚職や賄賂は、国民にある「人にプレゼントをして何かの見返りを期待する心」の反映とも言えるのです。この見返りを望む心のなくならない限り、汚職も賄賂もなくなることはないのです。

御中元や御歳暮、年賀状で、自分が上げたのに、出したのに、相手はくれなかったという否定的な思いが湧くことはないでしょうか？　国民が本当に汚職も賄賂もない社会を望むのなら、この小さな心の闇を謙虚に認め、一つひとつ根気よく洗い流さなければなりません。

最近起きている少年たちの理解できない犯罪行為も、閉じこもりも、その多くは親や大人たちの心が何らかの形で反映されていると考えられます。学校が悪い、家庭の躾《しつけ》がなってないと互いが被害者振ったり、父親不在だと評論家振ったりせずに、自分のこととして受け容れなければ道は観えてこないでしょう。

こうして私たちは自分たちの心が反映された現象を経験し、自分たちの反映と気づきながら自分の心を見詰めて洗い、是正することで自分を高めます。自分を進化成長させることで私たちは（私たちが分かれている、すなわちつながっている深層の意識を経由して）全体の意識向上に貢献しているのです。私たちの対人関係から自然界の出来事から、動物たちの生活環境から、全てが意識の反映となっています。


「人間は考える葦である」と言われます。また「動物と人間の違いは動物には自由意思がないが人間にはある」ともよく言われます。そして**ダーウィンの進化論**(*)**が常識とされている**現代ならば、より自然界に意識を向けて、動物から人間になるこの意識の変化である進化の過程がもっと研究されてもいいものだと思うのです。この、動物から人間までの意識の体験過程にこそ、人が人となった役割と理由、すなわち人の本当の生き方、本当の学びの方向が示されているのです。しかし意外とこのことは気づかれていないのです。

前述した進化の基本プロセスの中から、魂がコネクトする乗り物を動物から人間へと替えること（③から④）の意味を知ることとは、正に私たちがいま学ぼうとしている「人間として生きる意味」を知ることであり、それを実践して生きることへのヒントにもなるのです。

〈ダーウィンは本当に人の祖先は猿と言ったのか？〉

（＊）**常識とされているダーウィンの進化論**とは、一般に信じられている進化論の場合の話である。それは「ダーウィンの進化論によると人はサルから進化したことになる」という常識である。しかし筆者が知る限り、ダーウィンが『種の起源』の12年後に書いた『人間の起源』（中央公論社―今西錦司責任編集）では、彼は人間の起源について次のように書いている（以下〔　〕内は『人間の起源』から抜粋）。

ダーウィンは〔**人間は現存するサル類とは祖先を異にする**〕〔**人間を含めた猿類全体の古い祖先が、現存する猿類のどれかに酷似していたとか、どれかと同一のものであったと考えるような誤りに陥ってはならない**〕〔**（人は）たぶん別の亜目、別の科を要求してもよい**〕という。

確かに彼は〔**（人は）旧世界サル類（＝狭鼻猿類）の幹からの分岐**〕であるというが、彼のいう「旧サル類」とは人類とサル類を含めていうに過ぎないのではないのか。

また、彼は〔**地球に現存する動物の進化は既に止まっている**〕ともいう。すなわち地球に住む猿は永遠に人間に成長しないということになる。ならば人間になる旧サル類と人間にならない旧サル類がいたということになる。そして人間になる旧サル類を人類というのではないのか。

哺乳類をどのような系統的概念でとらえるかと同じように、旧サル類をどのような系統的概念でとらえるかによって「サル」の意味はまったく違ってくる。

〔**人間は現存するサル類とは祖先を異にする**〕と明確に述べるこの書を読む限り、私にはダーウィンが人はサルから進化したと述べているとは思えない。

現代のダーウィンの進化論の定説とは違う意味で、ダーウィンは正しかった。ダーウィンが誤ったのは、弱肉強食を宇宙の進化の法則と位置づけたことで、強いものだけに生きる権利が与えられているかの印象を人々に与え、さらに競争意識を煽ったことだ。

それなのにどうして、「ダーウィンの進化論によると人はサルから進化したことになる」などという誤解が常識とされているのだろうか。

しかしいずれであれ、私の進化論は「意識の進化論」であり、ダーウィンの進化論は「肉体の進化論」である。神としての意識は、様々な乗り物とつながり、経験してきたと考えられる。

動物と人間との違い①――本能

〈グループソウル〉

私たちは唯一の生命である宇宙創造神から分かれました。人間は一人ひとりが個別の意識下で自由意思を授かり、自己確立へのチャレンジの旅に出ました。

しかし動物の場合は自由意思がないと言ってもいいでしょう。動物の魂はグループソウル（類魂）として機能していると言えそうです。

先日、私の家を出ようと玄関の扉を開けたら、玄関前の手すりに二羽のハトが一メートル間隔で止まっていました。二羽のハトは私に気づくと空へと同時に飛び立ちました。一メートルの間隔は保ったままで右へと二羽が同時に旋回していきました。

この例は二羽ですが、これが集団である渡り鳥の場合であっても同じなのです。何十羽と群れをなす渡り鳥が旋回するとき、まず先頭の一羽が方向を変え、それを見た後ろの鳥たちが後から続いて方向を変えるわけではないのです。群れ全体がひとつの生き物であるかのように波長を合わせてほぼ同時に旋回するのです。これは動物が複数で魂を共有していることのひとつの現れと思います。

一羽だけ中心となる鳥がいて、その波長が全体に行き渡るものと思われます。それで一斉行動をタイムラグなく取ることができるのでしょう。魂がより個として明確に分かれている人間が作る組織の秩序を、これに当てはめることは無理がありますが、日本の天皇制ではその秩序形態を垣間見ることができます。

この中心の一羽を、蜂や蟻は明確に一匹の女王という形で示しています。

〈蜜蜂の秩序〉

蜂と蟻の生態は動物の中では極端なものかも知れませんが、ここではその中から蜜蜂の生態を例にして宇宙の秩序を考え、人間と対比してみます。

蜜蜂は、前年に受精して越冬した女王蜂となるメスが巣づくりをはじめ、その後、産んだ子を育てます。早く孵化《ふか》した蜂はすべてメスで働き蜂となります。夏には先の働き蜂の弟と妹が生まれ、先に生まれた働き蜂が彼らの世話にあたります。

蜜蜂の群れの生態は一匹の女王蜂を中心にメスである多くの働き蜂といくらかのオス（お蜂《ばち》）とで営まれ、そのコロニーはひとつの家族社会として運営されます。文献によって多少異なるようですが、オスは百匹程度のようです。コロニーのほとんどを占めるのは五万匹から六万匹と言われる不妊固体であるメスの働き蜂で、女王蜂の生活面でのケアを役割としてもちます。

繁殖には女王蜂となる蜂と十匹程度のお蜂があたります。悲しいことに、交尾を終えたお蜂は交尾を終えたその瞬間に生殖器が長く伸び、千切れて死んでしまうのです。残った他のお蜂も繁殖期を過ぎるとすべて死んでしまうのです。

しかしこれも、蜂や蟻は全体で一人の人間と同じであると理解することで納得がいくのです。

この一個の固体生命であるコロニーでは、女王蜂は人間の脳であると同時に子宮にもあたると言えるでしょう。百匹とも言われるお蜂は精子とも言えそうです。というより、精子そのものでしかないのかも知れません。複数の精子（お蜂）の中からいくつかが受精卵と結びつき、役割を終えます。他の精子（お蜂）は無用となり死んでしまうのですから、これを私は先に「悲しいことに」と書きましたが、人間の精子に当てはめれば当然のこととなります。

働き蜂は人間の体に例えれば髪の毛一本一本にまで広げて例えられます。

このように蜂の一匹一匹には自由意思がありません。何が蜂たちをこのような行動へといざなうのでしょうか。

動物を含めて人間以外の生き物は魂が明確に個として別れていないので、全体が一つになってグループソウル単位で行動しているようなのです。このことはシルバー・バーチやホワイト・イーグルなどの英国でチャネルされた古代霊も言っていることです。渡り鳥などは正にその顕著な例だと思います。

またひとつに、前述しましたが基本的には動物には自由意思がなく、行動は全て本能が主導するためと考えられます。

本能には、自由意思を正しく使えない動物に代わって神様が肉体にインプットした神の意思としての役割があります。常に神の意思の代替である本能からの制御を受けながら動物は営みを続けるのです。

進化過程を見ると、私たち人類の意識が地球上で一番進化していると思えると同時に、人間とは神から一番離れてしまった、別れてしまった存在ともいえるのです。この見方からは動物の方が神を体現しています。

しかし私たちは、分離を経験するという長い旅を終え、生命の本源である神の許へ、いま正に帰還していこうとしているところなのです。

動物と人間との違い②——自由意思

先に述べたように、人間と動物の大きな違いは、人間は自由意思で行動しますが動物は本能で行動するように設定されているということです。

ですから、動物から人間へという成長過程から観てみると、人が生きるということは本能に頼らず神の意思を汲む判断力を学ぶことであると言っても過言ではないのです。

一切の制約を取り払って人類が神の意を汲み、自由に生きて人間《じんかん》の調和を保てたとき、人類に平和が訪れます。

動物の場合には自由意思を上手に使えないので、まだそれを与えられないのです。

繰り返しますが、本能とは思考や自由意思に代わって行動を制御し、秩序を維持するように肉体遺伝子にインプットされた神の意思の代替品としてのメモリーです。

夜行性であるとか、餌の獲り方を自然に思い出すとか、仲間は殺さないとか、生きるための狩以外はしないとか、春しかセックスしないとか、これは全部本能です。

もちろん、人間の肉体にも本能は設定されているのですが、動物と比べると非常に希薄に設定されています。昼と夜を入れ替える自由も、いじめを楽しむ自由も、狩を楽しむ自由も、一年中セックスを楽しむ自由も、全部、自由な判断が許されています。

私たちはときに、「動物は人間と違って、食糧として餌を求めるような場合を除いては他の動物を殺さない。それなのに人間ときたら自分の快楽のために狩をするのだから、動物以下だ」などと人と動物を比較しますが、これは真実ではないということが理解していただけるでしょう。動物と人間は意識の遺伝子構造が異なるために、同様に比較することはできないのです。

確かに考えようによっては、動物は自由意思で神とつながっていないだけで、結果としては本能を通じて神の意を表現していると言えるのですが、本能で神の意思を代替する動物の生き方とは違って、人として生きるということは、自ら神の意思とつながることですから、学びの大転換のときなのです。それだけ厳しく、それだけ責任もあるのです。

本能という、肉体に制御される生き方（本能は肉体の遺伝子の中にある）——すなわち本当の自分ではない秩序に従う生き方から、自分から神の意思（意思は肉体の遺伝子の中にはない）とつながる学びを人は始めているのです。

私たち人類は今、未熟な自由意思の判断でいろいろとトラブルを起こしながら、その原因を自分で考え是正する学びを繰り返しています。

そして人に指図されないで自分で考えて生きるという環境をもつことで初めて、人間は真の人と成るための学びを始めることができるのです。

「意思」と「意志」

この本では〝イシ〟をほぼ「意思」で統一しましたが、厳密には〝イシ〟には「意思」と「意志」があり、それぞれニュアンスが少し異なります。

「意思」は神から流されるアイディアであり、「意志」は人間のマインドを通してそれを行動へといざなうものというイメージが私にはあります。すなわち意思は遺伝されない意識からくるもので、意志は遺伝された人間の意識で思慮し、行動へといざなうものというイメージです。

人間には遺伝する意識と遺伝しない意識があり、遺伝しないものの意識の代表には「愛」がありますが、神からやってくる「意思」も当然、遺伝されている意識からの発想ではありません。愛と同様、神から流されるものなのです。

人の信念も、神から流された意思の反映であればよいのですが、人間がもつ多くの信念は意思からではなく人間側のマインドの判断に勝手に強い「意志」が働きかけて動き出し、それが多くの問題を発生させ、固まった固定観念は問題解決の糸口すらも摘んでしまうようです。

「神の意思（アイディア）」→「思考」→「プラン（意志がサポートし）」→「行動」

実際に私の辞書で二つの〝イシ〟を調べてみると、

「意志」は「物事を決行する心の働き」「何かをしようと決心しさらにそれを遂行する働き」とあります。これは英語で言うところの〝ＩＮＴＥＮＤ〟と言ってもいいでしょう。

一方で「意思」は「行為の直接の起因となる心理作用」や「行為の認識」であり、また時に「動機」と同義にも用いられるようです。

法的には「意志」ではなく、すべて「意思」を用います。

［第六章］新しい秩序へのヒント

WITH LOVE

イチロー選手が貢献する新しい地球への意識変換

大リーグで活躍するイチロー選手は、平成13年7月6日付けのシアトル・ポスト・インテリジェンサー紙のインタビューに、「日本では何度も打席に立つときに嫌がらせを受けた」「こちらで最も強く感じたのは選手同士が互いに尊敬しあっている。日本では選手だけでなく、監督やコーチまでもが相手のプレーを妨げるような言動をする。それが嫌で球場に行きたくなくなるような思いもした」と話しました。

また以前、スポーツ紙で読みましたが、スポーツ記者がイチロー選手とライバル達とを比較して、とても執拗《しつよう》に他の選手との数字的な争いについて聞いてくることも、彼には苦痛だったようです。自分自身がそういう生き方を望んでいないからです。

平成13年8月24日の日本経済新聞の記事では、彼は他の人の動向を気にしていたのでは、自分のプレーに集中することはできないという考えであることが示されていました。

「人の結果が絡んでくることに目を向けることはできない。自分ではどうしようもないことだから」

競争意識には必ずと言っていいくらい、相手の失敗を望む気持ちが並存します。野次は相手の足を引っ張る行為です。このような意識にふれることを新しい意識の持主は嫌います。

他の選手は自分以外の選手の動向を気にすることが多いのに、イチロー選手は異なります。他との比較の結果でしかない首位打者争などに関する興味も薄く、彼の興味は首位打者よりも自分がより多くのヒットを打つことにあると言います。

「人の調子が落ちてきて、自分が（数字を）キープしてトップになる可能性がある。そんなことを意識してグラウンドには立てません」と述べ、そして彼が１９９４年のオリックス時代に２１０安打したときも**「打率はどうでもいい。安打数を求めるのは（打率に意識を向け）精神的に苦しむのが嫌だから」**と語っています。これは彼が20歳のときのコメントです。

考えてみれば、打率とは安打と凡打との比較から出された数字です。打率を下げる凡打は打率にとって確実に失敗であり、マイナス現象なのです。しかし単純に安打数を求める限り（確かに凡打は安打数を伸ばさないものの）、少なくとも安打数を減らしもしないのです。その分、失敗を恐れずにチャレンジできるのではないでしょうか。

安打数を求めることは絶対的な価値観で、安打と凡打を比較する打率は相対的な価値観と言ってても良いのかも知れませんが、失敗を恐れないという意味では前者が野球人生をより生き生きとさせてくれることでしょう。

しかしこれも、人と競争しないとやる気が起きないとか、人の上に立ちたいという価値観を求める人にとっては、物足りないということになってしまうのでしょう。

イチロー選手は人気も実力もある打者ですから、こういった何気ない記事を読んだ人々に、「そういうスポーツの楽しみ方もあるんだな」との気づきを与えることでしょう。彼は少なからず人々の意識の変換に貢献していることとなります。このような仕組みが新しい地球の実現のために、至るところで図られているのです。

現在、大リーグと日本のプロ野球で活躍する日本人プレーヤーの中で誰が現役最高のプレーヤーかという質問を日本の野球ファンにすれば、間違いなくイチロー選手がトップの座につくことでしょう。人と比較することを嫌う新しい意識の選手が、多くの古い意識のタイプの選手を結果として抑えて一番になるだろうことも、エネルギーの新しい流れの創造の結果ではないかと感じずに入られません。

もっと言えば、イチロー選手が２００１年の大リーグの首位打者になり、ＭＶＰまで獲得した要因は、もちろんイチロー選手の才能が第一なのですが、人類全員が成長するためにとの神の後押しがあったと、私は感じるのです。正しき者は、自らが自らを救える時代に既に入っているのです。

スポーツ競技をしていて相手の失敗にほくそ笑む、という思い出はありませんか？　新しい地球のスポーツはこのような意識のない、互いの成功、互いの進歩の喜びを分ち合えるものへと変化させたいものです。

新しい意識の芽生え

自分が一番になることよりも、みんなの幸せを考えることを優先する進化段階に入ると――つまり競争心というエネルギーを元に頑張るのではなく、自分がもっているもっと別のエネルギー源を使って自分の生業《なりわい》を営みたいと考えるようになると――これまでの古い時代の常識をエネルギー源として運営されている社会に馴染まないと感じ始めることでしょう。

そして今、人と比較するという自分、人の上に立ちたいという自分ではなく、本当の自分を思い出し、自分の想いに正直に生きたいと感じ始めている人が間違いなく増え始めているのです。まだ自分でもはっきりと認識していないにしろ、人の根源にある調和のエネルギー源を元にして自分の人生をエネルギッシュに歩んで行けないものかと、心の奥で感じている人々が明らかに増え始めていると、私は感じています。多くの人々が今、人々がふれあい、調和しながら社会を創造することのエネルギー源は、けっして競争心などのギスギスしたエネルギーからくるものではないということに気づき始めています。

私たちの人生の目的が富を築くこととか、人の上に立って高い肩書きを得ることとか考えている人には、競争心をもつことはとても良いことになります。そんな人に調和を求める生き方を標榜《ひょうぼう》すると「世の中そんなに甘いものではないよ」と諭され、弱肉強食は宇宙の法則だと言わんばかりの返答が返ってきます。

どう言われようと、新しい地球に波長を合わせ、人生の目的は互いが愛を育み成長することと感じられるように成った人にとっては、自分と人とを別けることで成り立つ様々なエネルギーは余りにも辛く、哀しく感じるものなのです。

そして、多くの既存の常識から心を放ち、自分の扉を開くことを提唱するこの書を、ここまで気分を害せずに読んでいただいている読者の方は、きっと新しい地球に通じる波動とつながる意識の持ち主なのだと思います。もう後戻りすることなく、この道を邁進したいものです。**道はこの方向に真っ直ぐに引かれているからです。**

次元は間違いなく変わります。時代ではなく、「次元」がシフトするのです。もちろん愛と調和の方向に。次元の上昇です。これは人類が今までに経験したことのない体験としてやって来ます。そしてそれにつれて社会秩序も一変することでしょう。

進む方向は自他一体

私たちは「唯一の私」から分かれた生命でした。ですから元々は同じだったのです。成長のために便宜上いま、分かれているのです。このことを愛の精神の根源とすると、自分を愛するように他人を愛する「自他一体」こそが、私たちが思い出そうとしている、学ぼうとしている、私たちの目指す調和の道の本流ということになります。

「自分を愛するように他人を愛する」ことが大切なのは、私たちは互いの中に自分が反映されるように分離が設定されたからです。自分の前に現れた他人は、自分の反映なのです。自分の反映を愛せないということは、自分を愛していないということなのです。自分を愛することが大切なのは、このように自分を愛することが他人を愛することに直結しているからなのです。

スピリチュアルな世界の深遠なところでは、私たちは既に一体なのです。

私たちが便宜上分かれているということは、私たちが成長する過程では、悪を知るとか、分離して競争をしてみるとかも含まれていたようなのです。だって私たちは自らの意思で分かれ、一体であることを忘れることを選択したのですから、そのような経験も愛を知るためには必要だったということです。光をより深く知るには闇を経験して、闇を深く知る必要もあったのです。自他の一体感を観じるには一度分離を経験してみる必要があったのです。

また、興味の対象がなんであれ、とりあえず愛の深くない人でも、愛以外のエネルギー源を元に行動力を磨くということの意味もあったのかも知れません。なぜならば人が愛を思い出したとき、これまで悪で育んできたこれらの行動力は、愛から発動される意思を支援するものとして変換されると考えられるからです。

人類は、もう充分過ぎるぐらいにお互いを傷つけ合ってきました。何度も戦争を繰り返してきました。もう充分に学んできました。もう終わりにするときがやってきました。

それなのに、企業であれ学校であれ、普段の社会生活の中で競争や争いごとを自ら進んで継続しようとしている人たちがまだまだたくさんいます。否、まだまだそんな人だらけです。このような集合意識の行方が、最終的に私たちに何をもたらすのでしょうか？

真の戦争の原因は

私たちは戦争の悲惨さを忘れないようにしておけば戦争がなくなるかも知れないと、記念館をたくさん造ってみたりしました。記念日と称して、事ある毎に戦争の悲惨さを訴えたりもしてきました。でもこういうやり方で本当に戦争はなくなるものなのでしょうか？

そもそも戦争の悲惨さを心に植え付けられていなかったということが、果たして人類が戦争を起こしてきたことの原因だったのでしょうか？　その前に真剣に戦争の起きる原因を〝社会の中に〟そして〝自分の中に〟私たち人類は本当に探してきたのでしょうか？

実は、このように戦争の悲惨さを訴えることで戦争に歯止めが掛かると信じていること自体が、人類が戦争の起きる原因を正しく理解していない証なのです。

戦争の原因は、私たちの戦争への恐怖心が不充分だからでも、戦争への憎しみが不充分だからでもないのです。原因は別のところにあるのです。

本当の原因は、私たち人類の心の中に「私が」というエゴと、さらにそれが元で発動される競争心・闘争心という戦争の元があるということです。話は単純なのですが、私たちが謙虚さをもって自分の心を見るということを日常的にしていないと、この単純な原因が分からなくなってしまいます。結果として自分の心を見ないことが真の人間理解を遠のけているのです。なぜ人々は自分の心を謙虚に見ようとしないのでしょうか。

戦争が起きる本当の原因を正しく見極めると、現代社会にとってはカルチャーショックになり、とても現代人が受け容れられることではなくなるからです。企業の自由競争も、受験勉強のライバル意識も、みんな戦争の原因になってしまうからです。オリンピックやサッカーのワールドカップで熱狂する意識さえも、同類の可能性が高いのです。

これらを否定されたのでは、今の社会は成り立たないと思われてしまうのです。それに代わる活動力の元であるエネルギーも、それに代わる秩序も初めからあるとは思っていないし、たとえ捜しても見つからないだろうし、人々は大いに今のエネルギー源を楽しんでいて、その上そういった価値観が好きだったり、それにしがみつくしか喜びを見出せないでいる人がまだまだ多くいるからです。

平和を勝ち取るという本当の正義の戦いはエゴをもつ自分自身の中にこそあるのに、このようにして現代社会はそのエネルギーを企業戦士とか戦略とか称して正当化し、戦いの文字は常に自分の外に、隣人に向けられることとなっているのです。仮に自分を迫害し、消滅せしめようというような存在との闘いにおいても、それは自分の中の恐怖心との闘いにほかならないのです。

人類の心の中に、競争心・闘争心という戦争の元がある限り、それが反映という形で永遠に現象界に浮かび上がり続けるのです。なんど同じ経験をしても原因が判らないという、もうそういった子供じみた生き方はやめなければなりません。

戦争は、私たちの日常生活での闘争の想念が、溜まり溜まって清算すべく浮上してきた現象なのです。戦争だけではなく現実に現れてくる社会現象はすべて、たとえそれがゴシップや社会犯罪という他人事のようなものでも、すべては共同創造として創造され、テレビの画面や新聞の紙面に現れ、私たちに教えてくれているのです。

恐怖のエネルギーで人は変えられない

戦争はもうやめようと記念館を町に一つずつ造る大計画を実行しても、戦争の悲惨さを映し出した映画を毎週必ず最低一本は観る習慣を人類がもつことを義務付けたところで、１００パーセント戦争はなくならないでしょう。

そういう、人間の本質に備わっていない恐怖心という虚構のエネルギーに訴えかけて、いくら人をコントロールしようとしても戦争はなくならないのです。なぜならば、**恐怖に訴えかけても恐怖心は増すだけだからです。**それどころか恐怖心は自己防衛心を必要以上に高めます。恐怖心は、愛とは相反する方向にあるエネルギーで、人類が第一番に超越すべきものなのです。**恐怖心は、自己防衛心を高め自分にバリアを張るということなので、恐怖心こそが自分と他人とを分けてしまう一番大きな幻想のエネルギーなのです。**そして、それが神をも遠ざけるのです。

恐怖心で人を動かそうとすることは自他を分離すること、すなわち愛とは逆の方向に仕向けるということで、平和の元ではなくて戦いの元を植え付けていることになるのです。そうではなくて、人の本質が動かなければ人は調和に目覚めていかないのです。人の本質が恐怖という幻想を超越しなければ、本当の自分（良心）を勇気をだして生きることができないのです。そんな本当の自分が社会に溢れ、社会を作っていかなければ、現実はなにも変わらないのです。見せしめや恐怖心は人を一時的に制御するには役立っても、人の本質を変えることはできないのです。ただ、抑え付けて潜伏させているだけなのです。抑える期間が長ければ長いほど、恐怖の圧力が大きければ大きいほどに、そのエネルギーが爆発したときには大きな反響となって戻ってくることでしょう。

死刑問題などの是非も、このことを理解すると整理しやすくなるでしょう。恨みから凶悪犯の肉体を亡くしても、霊的には癒されていないので、凶悪な霊的エネルギーはまた三次元に舞い戻ってくるのです。カルマ（原罪）の法則のメカニズムは、この恨みのエネルギーが戻ってきて人に作用しているのです。

私たちは分裂して別れたときに、自分たちはもともと一体であったということを忘れてしまいました。それが分離の意識をつくりました。それが競争心や虚栄心、差別心という自他を分離する意識へと具体的に、普遍的に発展していきました。

この普遍的な分離意識は私たち人類の全員がもっています。それ故に私たちはこれらの意識を人の本質と勘違いしてしまっています。私たちが初めからもっていた不変の意識ではないにもかかわらず……。ですから現代では、競争原理が人の営みの本質を得ていると何の疑問もなく肯定されているのです。

第一章でも少しふれましたが、恐怖心なども同様で、これらは常に私たちの意識の表面に現れているので、とても分かりやすい存在なのです。分かりやすい意識ですから扱いも簡単なのです。

そして、全員がもっているこの扱いやすい意識を利用すると人は簡単に操作されるので、愛と人間理解に乏しい人ほど、この競争原理や恐怖心で人を操ろうとするものです（ですから人を上から人を押さえつけて管理したり指導したりするという人は、現実には人間理解に乏しく、結果として手抜きで次元の低い導きをしていると言えるのです）。

しかし、人類全員が肉体をもっているからといって、それが人の本質ではないように、たとえそれが人類の全員がもっている意識であっても、人の本質としての絶対条件とはなりません。意識にも本質的なものと幻想として作られているものとがあるのです。

幻想としての意識とは、本質がその次元で、その生命の進化段階で必要なものとして、その星のレベルの人の為に肉体遺伝子などを通じて全員に反映されているものなのです。

それを人間の本質と取り違えていることから様々の問題が発生するのです。幻想の意識は人間が自分で超越するためにと作られたものであり、人が人を操ることに利用するために作られているものではないのです。全員がもっていることと生命の本質とは必ずしも一致するものではないのです。

人の表面にはまだ充分には出ていなくても、私たちが進化するに従って思い出していくもの、私たちが本当に普遍的に原初からもっているもの、それこそが私たちを平和へと導く、人間の本質、神の本質なのです。

秩序を変えても人の本質は変わらない

人は余りにもこの人間の本質に目を向けず、幻想としてある競争心、恐怖心、虚栄心などの意識（エゴ）操作で社会が活性化するように意識を向けています。そういう意識を煽って、操作し、利用することで社会を運用しています。

現在は、本来そういう意識を光の方向に変革する努力をすべきときなのに、その何倍もの労力を使って規制を定めたり、仕組みを考えたりしています。しかしそのような秩序で社会を変えようとしても、社会に恒久平和をもたらすことはできないのです。**人の心が社会を作っているからです。社会が人間を作っているのではないのです。**

本来、いかなる混乱も自然現象です。本当の原因があって、その原因を是正するために必要な現象が反映として起きてくるのです。それなのに、不幸な現象の真の原因を視て直そうとせず、その自然現象が起きないようにと、規制を定めて原因が作動しないようにしているにしか過ぎないのです。

政治なども同じで、日本政府はこれまで景気が停滞するとすぐに国債を増発したり公共事業を増やしたりしてきました。これが一番痛みを伴わずに楽で手っ取り早いからです。つまり病のもとを捜さず、改善せず、薬や注射に頼ってきたのです。しかしこれでは病の体質は治るどころか徐々に進行し、長い目で見れば薬が徐々に身体を蝕んでいくことにもなりかねないのです。

これまで日本の政治はこのようなその場限りの対症療法ばかりをとってきましたが、これでは体質改善にはならないのです。現実に体質は変わらず、国債発行を繰り返し、莫大なツケを国民に残してきました。小泉総理の言葉を借りれば、「その場しのぎの対処を続けていたら、新しい地球建設の心の構造改革にはつながらない」というわけです。

一人ひとりの心を変える

私たちが気づくべきことは、社会の秩序を変えることで人の心を変えることは絶望的だということです。私たちがするべきことは、バラバラの心を人間の原点で自ら統一することで、規制に頼らずに自由を保てるようにすることです。そのためには一人ひとりが心のエゴを洗い流し、全体と調和する心を取り戻すことが必要なのです。

全体を変えるためにはまず、一人ひとりの意識が１８０度転換しなければなりません。意識が変わったら、意識の元である心を変えねばなりません。心を変えるには、心を見詰め、自分がもつ心の問題点を素直に認め、改善することの行動に着手しなければなりません。全体の秩

序は、一人ひとりの心に見合ったものでなければ正しく機能しないのですから、心が秩序より優先されることは本来、自明なことなのです。そして一人ひとりの心を変えることは、理屈上それほど難しいことではないはずなのです。

なぜならば、私たちは元々神の許でひとつだったからです。**これからそれを一から学ぶのでしたら、それは気の遠くなるような話ですが、既に自分の奥にある純粋で無垢な心を思い出すということですから、意識が転換されれば意外と簡単に目覚めるのです。**今は進化のために便宜上、バラバラになっているだけなのです。別れているのではなく分かれて（つながって）いるのです。分かれているのだから分かり合えるはずなのです。

無意識に役割を分かち合う

今は分かれている私たちが一体となるということは、個性を失し、皆が同じ行動を取るということではありません。むしろ新しい地球の秩序は現代と違って、人と同じことはしないことで効率よく成り立つのです。人の行動も、そのための教育や研修も、現代は画一的に行われるケースが多いですが、これでは同じ事をする人を作るだけです。

そうではなくて、私たちの個性を豊かに残してそれを生かす方向で今より遥かに効率的に共同創造されるのです。人間の体に無駄がないように、私たちの一人ひとりは全体のために存在意義のある個性をもちます。それをお互いが無意識に分かり合いながら、自分にしかない役割、人と異なった個性を役割として調和させることでひとつにまとまるのです。

この世には不必要なものなど存在しません。皆、神が必要と認めて創り、必要と認めているから今も存在が許されています。人と違うから役割があり、存在意義があるのです。それなのに人と自分を比較して、周りの人のようにしなければとの意識で行動していると、正しい共同創造が為されないのです。

なかなかこれ以上は具体的に表現できないのですが、これまで述べたことでも新しい地球が実現する秩序体系の大枠は語れたかと思います。小手先の表《おもて》の法という秩序によって強要されるのではなくて、心の秩序体系が高度に機能する社会、それが新しい地球の秩序です。

ここでの話はとても観念的、理想的で、現実離れしていると感じられるかもしれません。しかし、私の中で理解している新しい地球の秩序は、自他が一体となっている機能の活動そのものであって、理屈であったり決まり事であったりするものではないのです。

そして、創造とは協力であり、協力とはお互いを許し認め合う平等な自由意思同士で為されるものなのです。そういった共同創造こそが、未来の秩序でもあるのです。

これは二極対立、上下関係のヒエラルキーで運営されている時代にあって、とても現代の言葉では表現できるものではないのです。

そんな新しい地球、夢のようなユートピアを造るには、大それた企画を練って実行するのではなく、意識はもっと日常的な小さなことに向けていかなければなりません。人のものを欲しがったり、人を恨んだり、名誉や地位を欲しがり、業績を上げようとしたり、人の上に立ちたいと思ったりする意識——すなわち自他を分離しよう分離しようとする意識、私たちが日々発しながら問題を創りだしている意識に目を向け、自らの心を洗うことなのです。

意思をもったジグゾーパズル

「何で学校に行かないの？」「ズル休みじゃない」「三日坊主？」

これはちょっと古い記事ですが平成11年11月23日号の週刊文春での紹介された、千葉県銚子市に住む14歳の女子中学生のNさんが学校に行かなくなったときに、周囲から浴びた批判です。彼女は言います。「(初めは) **出席番号や身長順に並ばされ、席も決められているのが嫌だったの。子供をバカにしている**」と思ったそうです。

「子供をバカにしている」とのN子さんの表現に、面食らうかたもいるかも知れませんが、彼女が言うように席は決める必要はないのです。席を決めてはいけないというのではなくて、決めないで秩序が保てるのなら、決めない方が良いということです。強制するからにはそれなりの理由がないと、強制される側は納得できないものです。その理由がN子さんには、「君たちは大人から座るところを指定されないと秩序を保てない水準」と思われていると映ったのかも知れません。

人はいろいろな人と交流することで成長しますから、できればその日は誰と並んで勉強するとかは生徒の直観に任せて、お互いの自由な霊的交流をさせた方が良いということです。

ただ、いまの小学校はそれでは秩序が保てないとの判断からどこも席を決めているのですが、Nさんの場合にはこの枠に縛られたくないという反応が強く出たのです。このような秩序の中で生きることが苦痛に感じられるまでに進化しているとも言えるのです。

度々述べてきたことですが、自由に生きる生き方を学ぶために私たちは生きています。そのような学びを成長した魂は望み、そのような環境を求めて現実を作って行きます。

人類は今、ちょうどその過渡期で、学校でもどこでもかえっていろいろな問題がでていると も言えるのです。最終的には共同創造がより高度なレベルで働く秩序体系――自由と自由がぶつからない社会へと地球は向かうでしょう。静寂な心で自分の中の全体にあまねくつながる神とつながり、それぞれの自由意思が統一された共同創造の中で神の秩序は保たれるのです。

人間の身体に譬えれば、私たちの頭が大元の神で、手足やその指が私たちです。

と言うと、このように考える方がいるかも知れません。

「しかし人の手足もその指も、自由意思をもたないではないか、人が手足や指だとすると人は頭の奴隷ではないか」と。確かに動物の生態はこれに近いものです。特に第五章で紹介した蜂や蟻の一匹一匹は人間の髪の毛一本一本のようなものです。

しかし、人間はそうではないのです。私たちの肉体の手足や指は確かに自由意思をもちませんが、実際の人間はそれぞれが思考する分化された自由意思をもっているのです。その私たちが神とつながり、神の意思と元々神から別れている個々の自由意思が互いに合意して、全体は調和の行動を取るのです。

自由意思のある人間にとって一番重要なことは、それを自分で感じて自分で行動することです。既に一体である私たちが唯々、自分を（神を）感じて神の意思を自分の意思として演じればいいのです。

実は、**今を生きる**ということも、**あるがままの自分を生きる**ということも、**好きなことをして生きる**ということも、**神とつながって生きる**ということも、みんな同じことなのです。

正しき共同創造（霊的自立による霊的創造）こそが真の民主主義であり、神の国の秩序です。心を洗うことによって神の想いは体現できるのです。

もうひとつ、ジグゾーパズルに比喩してみます。

ジグゾーパズルを思い浮かべてみてください。ジグゾーパズルは初めにひとつであったものを様々の形に分割し、ごちゃごちゃにしてから再集合を図ります。元々ひとつだったものが分割され個となると、自分がどこにいるべきなのかが分からなくなってしまいました。

しかし、単なる物質である個々のパズルにはない意識が――それぞれが別の存在ではなくて元々ひとつなのだと知っている意識があります。そこから出《いず》る意思が、それぞれを元の位置に帰還させ、つなぎ合わせようと動くのです。その意思は、現実のパズル・ゲームの場合にはゲームを楽しむ人間のみにあるということになります。

これはパズルと人間との関係です。

これを動物と神との関係に比喩してみましょう。実際のジグゾーパズルでは人間の手が直接パズルの欠片を手にします。しかし動物には神があらかじめインプットした本能がありますので、神は本能を通じて動物と自分をつなげ、全体が調和とまとまりを保ちながらひとつに成るようにパズル（動物社会）は完成されます。

実際のパズル・ゲームでは、意思をもたない一片を人間の頭脳が手を動かしてひとつになるように完成させました。動物の場合には主に本能を利用して身体を動かせました。

そして人間と神との関係では……。

すべてのパズルの一片（人間）の意思が、パズル全体を観るひとつの（神の）意思とつながっていると考えてください。人間一人ひとりが元々私たちは一体であったと思い出し、自分たちは神であったと思い出し、人の自由意思が神の意思とつながり神と成ったとき、行動（創造）は高次の共同創造となり、平和な社会秩序を成就するのです。

［第七章］自分のしたいことをするということ

FREE WILL

「願い」や「希望」は欲なのか？

数年前にある集いの場で、ある若い女性が「コミットすることと欲をもつことの違いが分からない」と言いました。彼女は「コミットとは〝〜しよう〟とすることで、そこには既に〝したい〟という意識が混在していると思う。だからコミットも欲ではないのか？」というわけです。

それについてある人が、「コミットとは実際の行動に参加する意思と行動だ。食事に例えれば、食べたいというのは欲で、食べようと意識し行動するのがコミットだ」と説明していましたが、質問した人は良く分からなかったようでした。

果たして「～しよう」「～したい」という意識は、それをもつこと自体が欲なのでしょうか。

四句御箴言

私は十年程前から「宇宙の理」という月刊誌（巻末に連絡先を明記）に毎月、文章を掲載させていただいています。この雑誌には宇宙創造神からの神示も多く掲載されています。ここでの学びを「宇宙学」と呼んでいます。

この宇宙学には宇宙創造神からいただいた「四句御箴言《しくごしんげん》」というすばらしい神示があります。

〈四句御箴言〉

与えられたことを感謝して受けよ、
与えられぬことを感謝して受けよ、
与えられたことを拒むこれ欲なり、
与えられぬことを欲するこれ欲なり

昭和52年12月7日未明受信（神示）

宇宙学は「求めずとても幸いを享《う》くる人の世」と説き、「～したい」という意識全般、すなわち、「願い」も「希望」も〝欲〟である、としています。

しかし同時に、宇宙学が発行する雑誌「宇宙の理」の文中では、「求めよ、されば与えられん」を肯定的に引用したりしているのです。どうしてこういう矛盾が起こるのでしょうか。

「ワクワクすることをしよう」ってどういうこと？

１９８０年代の後半にバシャールという宇宙人が、ダリル・アンカというチャネラーを通じて数々の素晴らしい情報を与えてくれました。そして彼は、「ワクワク（exiting）」という言葉を流行らせました。

バシャールはいつも言うのです。「あなたの一番ワクワクすることをやりなさい」「一番やりたいことをやりなさい」「あなたがワクワクすることを求めなさい」と。

これも先の「四句御箴言」での神示の意図することとはまったく逆の方向性だと思われるかも知れませんが、しかし、バシャールの言葉は正しい方向を示しているのです。バシャールは言葉には出しませんが、「自分がワクワクする波動の行動パターンにいると感じたとき、人は正しい道（進化への道）を歩んでいる」「役割を果たしている」というに等しいのです。

一般的にニュー・エイジと呼ばれるものは、このように「あなたのしたいことをしなさい」と教えました。しかし舌足らずだったので結果的には簡単に会社を辞めたりしてしまう人が結構出たりしたと聞きました。ですからニュー・エイジは多くの罪を犯したとも言えるのですが、一方では多くの教訓を示したのです。

ワクワクしているのは誰なのか？

問題は、ワクワクしているのは誰なのか？　ということなのです。

人間には現在意識、潜在意識、魂やスピリットといった自分側の意識があります。また自分側でも、神としての実在意識と肉体ができるときに遺伝子によって運ばれて作られた意識があります。その中にも自分で意識できるものと無意識とがあります。

さらに人間は自分側とは別に天使や守護霊や宇宙人をはじめ様々な他の霊的ガイドの支援や関与を受けています。そしてこのような神やガイドと、無意識であれ正しくつながっている自分がいるのと同時に、俗にいう因縁霊とか自縛霊とか邪霊とか邪神とか、それはそれは多くの意識体と私たちはアンテナを通じて交信しているのです。

その中で、魂には神の意識と自分の意識をつなぐ媒体としての役割がありますが、自分の心の波長が荒いと魂の精妙な波長とはつながらずに、荒い波長をもった意識体とコンタクトしてしまうことになるのです。

これらの意識が暗躍する場でもある心を洗うことによって、私たちの波長も精妙になり、私たちの意識は自分の魂とダイレクトにつながり、魂を通じてスピリットや神とも正しくつながることになるのです。

地球人の多くはまだエゴの塊《かたまり》で、エゴのしたいことが先に意識に上がってきます。辛い勤めを辞めて楽をしたい、賭け事で儲けたい、有名になりたい、人の上に立ちたい、等々……。

しかし本来、魂を通じてやってくるエネルギーというのは、欲のエネルギーとは明らかに異なる雰囲気があります。ちょっと違うのです。理屈ではないのです。これを感じることをエネルギーを感じることと言えるでしょうし、こういった異次元からの通信の雰囲気・想いを正しく認識することを「判断力」ということができるでしょう。

エネルギーを感じる

エネルギーを感じるというと、体で感じたりということをすぐに思い浮かべるかも知れません。実際、私もエネルギーの強い場所では、感じようと意識を向け深呼吸をするだけでそれを体で感じたりすることもあります。

また昔、私が日本在住のアメリカ人の女性ヒーラーでありチャネラーでもあるエリザベス・ニコルソンさんにヒーリングをお願いしたとき、彼女を通していただいた天のエネルギーによりそのヒーリング中に体が硬直状態になり、その後の一週間ぐらいは体に電気が流れているかのように、体がビリビリしていたことがあります。

しかし、このようなエネルギーの感じ方ができても、ものごとの正しい判断ができるかは別なのです。

正しい判断をするには、自分にやってきた想いや直観が、どういうエネルギーであるかということを正しく見極める必要があります。

ある人がやってくるとその場の雰囲気が明るくなったり、ホッとさせてくれたりするような人がいます。また非常に神聖で静寂な雰囲気をもってきてくれたりする人もいます。また逆に、常にピリピリとした雰囲気を運んできて、周囲の人々を神経質にさせたり、ビクビクさせたりしている人もいます。人にはいろいろなエネルギーがあり、それがその場の雰囲気を作り出します。

これと同じように、私たちを見守る天使とかガイドにも、また自分の魂にもそれぞれ固有のエネルギーがあります。天の存在はそれをインスピレーションとか直観とかとして現在意識に届けようとします。それと同時に、私たちがもっている欲のエネルギーに同調して私たちとつながろうとする存在もいるのです。日常生活で詐欺にあう場合などは、このエネルギーの判断を間違った場合でしょう。

ですから、私たちが何かをしたいと感じたときに、このエネルギーを読みとる感性が大変に重要になります。五感でエネルギーを感じるよりも、雰囲気として自分の中から天の意思のエネルギーを感じることが大切なのです。

これを間違えなければ「動機」は常に正しく、私たちの人生は開かれていくことでしょう。

魂に宿る本能

「ワクワクしているのは誰か」ということで話を戻しますが、
本能（肉体）に主導される動物と違い、人間は肉体を超越した神の意思に基づいて行動を起こそうと意図し、進化して行きます。それは「意思」でも「願い」でも、「コミット」でも、そして「欲」でも……そんな自分に「成る」でも「成ろう」でも、そして「成りたい」でもいいのです。あまり言葉に惑わされない方がいいのです。
要は「動機」、すなわち、その意思（願い）がどこからきているかということが重要なのです。基本的にはそれが邪《よこしま》な存在から現在意識の欲（自我）に働きかけられたものではなく、「本当の私」、すなわち魂を経由した神の意思であればその波動を心地よく感じることでしょう。それが本当のワクワクすることだからです。
人の行動パターンは、すべてこのワクワクする意思にリードされることが理想的なのです。これは神の意思です。この意思の方向に私たちの使命があります（使命とは役割とも言えます）。この意思は魂を経由してきます。神の波動（雰囲気）を伴って……。

神の子、魂には「進化しよう、したい」、すなわち「神の御許に還って自他一体を達成したい」という強い願いがあります。これは神とつながった魂がもつ唯一の本能と言ってもいい位の強い意思です。そしてこれは「自他一体」からの発想ですから「我欲」ではないのです。

ワクワクする想いとは、ある事象に向かった時、それが進化をもたらすワークだと察知した魂の、喜びの波動なのです。心が洗われていないとワクワクの判断を誤り、欲（自分にないもの）を選び、邪霊の餌食となります。「自分のワクワクすることを求めよ（＝既に自分に与えられているもの＝役割を思い出せ、探せ）」と言ったバシャールの言葉と四句御箴言とは、何の矛盾もないのです。

「お父さんはね、自分のしたいことをしようとしてやめてしまうことがよくあるの？」

私は十数年前から背中の痛みに悩まされていました。特に12年前から5〜6年間ぐらいの間は、電車の中で立ちながら本を読んだりして意識を集中していると、立っていられなくなるほど辛くなることがよくありました。

しかし、7年ほど前にある人が私に、「**背中の痛みは、人をサポートしていないのが原因の場合がある**」と教えてくれました。

背骨と背骨周辺の筋肉には体全体を支える（サポートする）役割があるので、実生活で人のサポートを怠る行動パターンを取ると、霊的にはそれが背中の痛みとして現れるのです。

そこで私は考えました。「私は人々のサポートをしていないのか？」と。

ある日、私の知り合いがそのことに関して、〝私がまだ自分の使命を思い出していない〟というヒントを私にくれました。そのとき、「アッ！　そうか、私がサポートしていないのは人間ではなかったんだ」という直観がやって来ました。

その後、それを裏付ける情報が矢継ぎ早に私のところにやって来ました（先ず自分で気づかないと教えてくれない――ここがポイント）。最も印象的な情報は、当時6歳の息子の言葉でした。

私は、当時チャネリング（霊的な存在とつながって情報を受信すること）ができた息子に向かってこうたずねました。

『お父さんの背中が痛いのはどうしてなのか、お父さんのガイドさんに聞いてみてよ』と。

彼はしばし目を瞑ってから私に確認するように聞き返しました。

『あのね、お父さんはね、自分のしたいことをしようとしてやめてしまうことがよくあるの？……』と。

『うん、よくあるよ』と、私が答えると……

『なんかね、それが背中が痛いのと関係あるんだって、（私のガイドが）そう言ってるよ』と息子は言うのです。

〝私がサポートしていないのは人間ではなかった〟ということを再確認しました。

つまり、「私のやりたいこと」と「私の使命」とがリンクしていて、天に通じる私（魂）はその天の意思に同意して「しよう」としても、もう一人の私（現在意識）は「やめた」と思ってしまうのです。理由は面倒くさいと思ったり、どうせできないと思ったり、失敗したらどうしようと恐怖心をもったりしてやらないのです。そして私は真理の声を拒む生活パターンを続けていたということでもありました。「意思」があっても「意志」が働かなかったということです。

私たちは肉体をもちますが、天にいる存在は肉体をもちません。ですから天の存在にしてみれば、この三次元の地球を光溢れる星にするためには、肉体をもった私たちの働きがどうしても必要なのです。私たちが動くことこそが、私たちが直接、天をサポートすることとなるのです。

私の場合、私が動かなかったことが結果として「天をサポートしていない」ことになり、三次元で肉体をサポートしている背骨周辺の痛みとして現れてきたのです。本当の私がやりたい想いを、私の恐怖心が上回っていたのです。恐怖心優先の行動パターンだったわけです。これは先の四句御箴言でいうところの「与えられたことを拒む」という〝欲〟と言えます。

そのことに気づいて勇気をもって生きようとして以来、背中の痛みはだいぶ楽になりました。

肉体をもつことについてのメッセージ

自分のことは自分でするという宇宙の法則がある以上、地球のことも地球人自身がしなければなりません。しかし私は、ある理由から地球が宇宙全体のためにもつ役割は非常に壮大で重要であり、地球の変化が宇宙に大きな光をもたらすこととなると考えているのです。このことについてはまだ科学的な説明ができる段階には無いのでここでは詳しくふれませんが、それだけ宇宙にとっても地球の行方は注目の的で、人事《ひとごと》として地球をただ黙って見ているわけにはいかないと考えているのです。それ故にとても多くの間接的なサポートを、地球は受けている可能性があります。

雑誌「宇宙の理」に載せるために文章を書いていたときのことです。そのときのタイトルは「私は神」でした。

その文章では、「肉体をもつ私たちは、単に学びのために地球に降りてきたのではなく、神と共に生きるもっと別の意味がある」という私の中に以前からあった想いを綴っていたときでした。

その文章を書き始めて、初めから自分の思考で書いているという感じがしなかったのですが、特に途中から私の中のエネルギーが変わり、突然、熱い想いが湧いてきて、ディスプレイを見る私の目が涙で霞んできました。そのエネルギーが離れないうちにと、自分の中から湧いてきた想いをそのままいっきにキーボードに打ち込みました。

そのときの文章を次に掲載しますが、私のエネルギーは徐々に変わってきて、ゴシック（太字）になったところからは特に大きく変化したところです。

私にはあるイメージが常にあるのです。次につづるのは、私の中にあるそのストーリーです。

地球はある目的をもって創られました。神は神の役割をもって天にいます。私たちは私たちの役割をもって地球に生まれました。目的は一つ、宇宙の中で特別の意味をもつこの地球を、光溢れる星に変えることです。これによって宇宙は大きな影響を受けます（私たちの目的も宇宙規模）。

その目的を果たすためには、宇宙の法則を良く理解して宇宙的な生き方ができる者たちを数多く地球に降ろす必要が出てきました。なぜならば、自分（地球）のことは自分（地求人）でしなければならないという宇宙の法則があるからです。そして実際、その役割を演じる約束をした一定の者たちが地球人の肉体と心を着て地球人に紛れ込み（一部は天に残り）、転生を繰り返してきました。

でも、地球人の心を着たがために、分厚い意識のヴェールに覆われ、ほとんどの人はその使命を思い出せません。その人たちがその役割を思い出すことを、天に残った存在たちは今か今かと待ち望んでいます。

そう！　あなたが「面倒臭い」として動かないということは、あなたが使命を怠るばかりでなく、天に残った神様に役割を演じさせないことでもあるのです。

あなたが神様と思っている天の存在たちも永遠の進化の過程にあり、あなたと共に学んでいるのです。あなた（神）は彼ら（神）の進化にも関与しているのです。あなたの役割はあなたが理解しているよりも壮大なのです。

あなたが動くことで役割を果たせる存在が、あなたの見えない世界にわんさといて、あなたの目覚めを待っているのです。

あなたが動き出すと、あなたに根気よく直観を送っていた存在たちが、そしてあなたの魂が、あなたとつながりやすくなります。堰《せき》を切ったようにあなたへは高次元からの支援が為されるでしょう。

天の存在は肉体をもっていないのであなたに依存するしかないのです。その責任を感じとって欲しいのです。また、数々の奇跡が具体的な標《しるし》となって現実の日々の生活に現れます。これはあなたにヒントとしてエネルギーの流れを示すものです。今後はこのエネルギーの流れ（あなたが進むべき方向性＝天の標）を読む洞察力がとても重要になります。

天は溢れる愛をもってあなたをサポートします。しかし、あなたもあなたの肉体を天に捧げる（あるがままに動く）ことによって、天をサポートできるのです。

感謝はとても精妙な波動をもっていて、あなたの仲間とつながり、あなたを光で包み込むでしょう。でも、あなたの仲間はあなたを通して共に行動することを一番強く望んでいます。この喜びの責任を感じとってください。

あなたの本質が天の神様と共にいたとき、天の仲間と交わした約束を思い出してください。

あんなに固く手を握って約束したではないですか、お互い頑張ろう、お互い励まし合おうと……。

忘れないでください、私たちからの心からのお願いです。

私たちにも仕事を与えてください。一人で悩まないでください。私たちは約束します。あなたを支援すると。

だから、どうか私たちを信じて、私たちと一緒に新しい地球の建設に協力してください。

私たちと交わした約束を早く思い出してください。

私たちはあなたに感謝して欲しくてあなたを支援したいと申し出ているわけではないのです。

この仕事は共同作業なのです。私たちだけの仕事でも、あなただけの仕事でもありません。あなたは一人ぼっちではないのです。あなたが動くことで私たちの働きも決まります。

私たちは肉体をもちません。このことを本当に良く理解してください。私たちにはあなたの協力が不可欠だということです。私たちを受け容れるという協力です。

私たちが参加できる環境、あなたと共に行動できる環境を、あなたの行動パターンの中に造り出してください。

私たちの支援を信じ、それ以上に自分の力をもっと信じて行動してください。私たちからの心からのお願いです。

自分がしたいことをすることが役割

真理と呼べるような本当の気づきは、「宇宙には神の法則があり、自分も神とつながって役割を果たす中で現実を創造しているんだ」と、人間の誰もがもっている役割に添って（無意識であれ）生きようとしないとなかなかやってこないものです。

まず何よりも、意味なく存在している人などいないということ、人には誰でも宇宙的な役割が必ずあるということを受け容れる必要があるでしょう。

この、「私たちの生きる目的は何か」「自分の使命は何か」ということは、私たちがいままで外から教えられたことではなく、自分の中から気づかねばならないのです。それは学校の教科書にも書いてなければ、宗教の教義の中にも、真の神からの神示の中にすら一切現されていないのです。本屋に行って「私の真理」の書いてある本を探してみても見つからないのです。そういう本は存在していないからです。

またそれは、運命的に決まっていて変えられないという固定的なものではないので、形には残せないからです。

ニュー・エイジにかぶれ、チャネリングセッションを何度も受けて、「私の使命はなんですか？」と尋ねても、本当に肝心なことは決して教えてくれないでしょう。最後は自分で自分の「真実の扉」を開け、自分で確立しなければならないからです。

使命としての真理の気づきは、自分で理解しないと本当の理解とは程遠いので、人から教えられた理解ではその役割をエネルギッシュに果たすことも難しいのです。

そこで真理は、『マトリックス』の映画で預言者が嘘を付いてまでネオに真理に目覚めてもらおうとしたように、他からは直接教えられらいようにうまく仕組まれているのです。教えてくれるのはヒントだけです。

また、私たちの生きる役割は一人ひとり異なるので、それは他人には分からず、その役割は時に応じて常に動き変化しています。ですから役割を告げる真理も自分の中から受け取ることが必要となります。ありがたいことに、それは**「エネルギーを充分に注げること」**として、すなわち**「自分がしたいこと」**としてやってきます。

このような深遠な真理、自分がなぜ地球に生まれて生きているのかというような自分の宇宙的・霊的な使命（役割）のヒントとなる情報は、自分という存在が肉体を着た人間であってそれ以外の何者でもないというような固定観念をもっていたのでは、仮にやってきても、まず分かることはないでしょう。その枠を破って現在意識まで届けられることは、まずできません。それでは当然、真理は受け容れることができません。

そしてそれは、私たちを支援してくれている天と宇宙の意思をも受け容れないということになるのです。**真の意思は肉体側にあるのではなく、天から流されるものなのに……。**

人間は神ではない、と思っている内はなかなか神とは波長を合わせられず、つながらず、神の意識も受け入れらないということです。それでは本当の自分が誰なのかとか、自分が生きている本当の意味は何なのかも分からず、自分の役割を演ずることも難しくなるのです。

既存の知識である既成概念が〝こだわり〟となって巣食っているうちは……。

自由についてのメッセージ

もうだいぶ昔のことですが、窓から外を眺めながらもの思いに耽《ふけ》っていました。そのとき自由について考えていたら、急にあるビジョンがやってきました。

「自分のしたいことをしていて調和が保てる自由社会などあり得るのだろうか?」

「自由には義務や責任があるとよく言われるが、どうして自由に義務や責任という不自由（制限）が伴わなければならないのだろう?」

「そんな矛盾があるわけないではないか」「自由はどこまで行っても自由なはずだ……」などと物思いに耽っていたときでした。


ああでもない、こうでもないと考えていてしばらくして、一瞬時間と思考が止まりボーッしたと思われたとき、それはやってきました。

浮かんできたビジョンは、テニスを二人で楽しそうにしている情景でした。そこには戦いの波動はありませんでした。「ラインの内にボールを打ち返さなければイケナイ」ではなく「入れてあげたい」との想いが伝わってきました。

「相手の打ちやすいボールを打たなければイケナイ」ではなく「打ってあげたい」との思いや

りがありました。

相手を打ち負かそうとか勝とうとかいう類《たぐい》の邪念のないものでした。

二人は一体であり、あらゆるルール（制限）はふたりにとって何の意味もないものでした。この自由な調和をズッとずっと続けていたいとの想いがありました。そんな喜びと笑いの波動に溢れていました。それは理屈ではありませんでした。

そのとき、「あっ、そうか！」と思いました。

「自由とは何か」のヴェールがは剥《は》がれたのです。今までは自由の意味を知らないで自由という言葉を使っていたナ、という感じでした。

真理というのはこのように、自分が理解できるような個人的な情報として、時期がくれば真理の側からいとも簡単にやってきます。いとも簡単というのは、それは既に自分の中にある情報だからです。私たちが昔、一体であったとき、そんな自由を体験していました。だから「あっ、そうか、なーんだ、そんな簡単なことだったのか」と思ってしまうのです。否、思い出すのです。

そしてそれは、自分がそれを受け容れられる状態になった時期が来たときにやってくるものです。

受け容れられるというのは、理解できるということだけではなくて、その情報を正しく利用できる——すなわち自分と自分の周りのあらゆる生命が成長するために有益に利用することができる、ということも含むのです。

この自由についてのメッセージは私の魂からの、あるいはガイドからの、あるいはスピリットからのとても興味深いメッセージでした。

というのは、私はテニスなど全く興味がないからです。テニスのラケットなどほとんど握ったことがなかった私に、どうしてテニスの情景のメッセージが届いたのでしょうか？　どうして野球のキャッチボールであったり、ピッチャーとバッターではいけなかったのでしょうか？

実は私は中学時代に野球部に籍を置き、プロ野球選手になるのが夢だった少年だったのです。そんな私の場合には、野球は闘争心が先立つので選ばれなかったでは、と思うのです。私がほとんど経験したことのないテニスの方が客観視できるのです。

ですから逆に、テニスを競技として楽しんでいた人へのメッセージでは、他のスポーツが選ばれることも考えられるでしょう。真理の現れというのはこのように人によって異なります。それはその人の中から〝最善〟として現れてきます。

また、真理の来る方法も人によっては夢やビジョンや一種の直観であったりするのですが、役割も進歩状態も、エネルギーも体質も人によって異なるので、真理の内容も伝達手法も人それぞれ異なると思われるのです。

これはテレパシーとも言えるでしょう。一瞬に多くの情報を取得するという意味では、ちょうどEメールを受信したときのような感じです。ディスプレイに光が走り、次の瞬間にメールを開いたらメッセージが一杯詰まっていたというように……。肉体のない次元での通信は、言葉という聴覚や文字という視覚などの肉体レベルの手段が使えません。そこで言葉を超えた「念」を通信の手段とすると思いますが、人間だって霊的な進化に伴い、メッセージを高次元から瞬時に取得することが可能になってくるのです。

私の場合には、ここに書いた類《たぐい》の一瞬のビジョンを伴う直観としてやって来ることが多いのですが、一瞬とはいえ、一瞬を超えた言葉に変換し難い——文章にすると何ページにもなるような多くの情報が入っているのです。

例えば、見返りを期待する愛は愛とは呼べないのですが、「結果的に自分に還って来ない愛、一方通行の愛は愛とは呼べないな」とも、このテニスのメッセージの中で感じ取っています。

これは私の宇宙から来た、私のためのメッセージですから、私には一瞬のメッセージでも通じるのですが、それを言葉で人に伝えようとしても誤解を招いてしまうことが多いのです。実際、私の受けた情景を人に文章で伝えてみてもピンと来ないかも知れません。どうでしたか？

ということで、それぞれが自由にしたいことをしても調和の保てる真の自由とは何か、ということを、それぞれが自分自身にたずね、自分自身の中から感じ取って、実際にやってきた自分の真理に基づいて、何の束縛も境界も限界もない真の自由を自分の中に体現して、自由に生きる必要があります。

一人ひとりが真の自由を取り戻さないと、真の自由をもつ社会を作りだすことはできないのです。社会は私たち一人ひとりの心の反映として築かれているからです。

［第八章］立場について

COURAGE

混在する立場

一家の主《あるじ》という立場を犠牲にして会社員という立場を重視し、仕事に没頭する会社人間がいたとします。

会社側の立場からすれば会社が給料を払って家族の生活が成り立ち、家族の幸福も維持できるのだから、先ずは会社を中心に考えるのは当たり前だという立場に立つでしょう。

しかし逆に家庭の立場から言えば、私たちの家庭が幸福を保つために会社で仕事をしているのだから、家庭を顧みないで仕事人間となることは本末転倒の生き方だと考えるでしょう。

誰でも自分の立場というものをもっています。

社長、課長、主人、主婦、老人、子供、学生など……。こういった肩書きなどというものも立場の一種で、職種や職制などは肩書きの典型です。これらは生まれてからそれぞれに作られたり、立場が自然に変化したりするような肩書きですが、生まれながらにしてもっている肩書きもたくさんあります。地球人類、白人、黒人、黄色人種、日本人、男女の性別、家筋などです。

私たちは本当に多くの肩書きをもっていて、この肩書きに沿って人間らしくとか、学生らしくとか、男らしくとか女らしくとか、管理職らしくとか言い、その立場にふさわしく振舞おうとします。

私もこの本で人類と動物との違いにふれ、私たちの意識が動物から人間へと肉体を乗り換えることの精神的な理由をあげ、人として生まれた（人としての立場をもった）ということは何を学ぶためなのかを述べてきました。しかしそれは、私たちが忘れている唯一絶対である大元の立場からの目的を踏まえてのことであります。立場というのは一種の分裂であるといえるかも知れませんが、それと同時に、全体が進化するための役割であると考えると、皆の目的は一つということになります。

肩書きというのは役割を名前で表したものです。ですから、役割に上下がないように肩書きにも本来は上下関係はないのです。肩書は私たちが唯一の生命である宇宙創造神から分離し、成長して神の御許に帰還するという共同創造の役割なのです。それはあくまでもサポートや学びの手段であったり、段階であったりするものです。

人間本来の、もっと遡れば心や魂やスピリット本来の学びの原点の立場を忘れて、手段である一時の立場にこだわってはならないのです。立場や手段である肩書きというものは、決して唯一絶対である大元の目的をもつ立場を凌駕《りょうが》することはできないからです。

唯一絶対である大元の目的とは、愛を育んで自他一体の唯一の立場に帰還するという意識の進化・成長のことであります。

私たちはこの唯一の目的のために何億年という歳月を掛けて生命活動を続けているのです。それなのに人は、本当の自分が誰であるかということを忘れ去り、この目的をお座成りにしたままで一時の立場にこだわりをもって生きているのです。

会社の社長も退任すればただの人です。むしろ、この肩書きをはずしたときの人間の方が、本来の人の姿なのです。唯一絶対の立場というものを根底にしてそれぞれの立場が連結したとき、すべては調和へと向かうでしょう。

ライアーライアー

『ライアーライアー』という映画がありました。ライアーとは英語で「嘘つき」のことで、映画では主人公は職業柄？　日常的に嘘をついているという設定になっています。主人公の職業は弁護士です。

　この映画は、離婚裁判で女性の弁護を引き受けた主人公が、依頼人の女性が慰謝料を少しでも多く取るために、彼女に嘘の証言をすることを提案する場面から始まりました。依頼人の女性は主人公の弁護士にこう言います。「これ（弁護士が依頼人に求めている発言）は真実じゃないけど、問題は起きないの」と。

　映画は、この裁判の公判前日に弁護士の息子がある願い事をし、それが神様に聞き入れられたことから映画のテーマが動き出しました。願い事は、「今から24時間、お父さんが嘘をつかないようにしてください」というもので、願いは公判前日の夜に出され、すぐに叶いました。願いが叶ったため、弁護士は裁判当日の公判中も言ってはいけないこと（依頼人に不利になる真実）を次から次へと話してしまいます。

　映画では弁護士はライアー（嘘つき）との設定ですが、この映画はコメディでしたので、実際に弁護士が依頼人に、このように嘘をつくことを恒常的に提案しているとは私は思いませんが、勝利のためには何でもしたいというその心理は、よく表されていたと思います。

　現在の裁判制度というものは、常識的には正しいとほとんどの人は考えているようです。しかしちょっと考えてみれば、この制度の中の弁護士と検事というのはお互いが協力体制になく、お互いの立場を初めから分離してしまっています。ですから原告側と被告側という立場は中立でないことを誰もが知り、前提にしているために、中立である裁判官や陪審員が最終の判断員として存在しているのです。

真偽にかかわらず被告に対して初めから弁護士はできる限り白、検事はできる限り黒の立場を取るということです。検事と弁護士が真実を求めて協力するということや、手の内を隠さずオープンにして真相を究明しようということは初めから想定されていないからです。今までにも、そんなことは一度だってなかったことでしょう。そういうシステムで裁判は動いていないからです。

弁護士にしろ検事にしろ、これはいわば二極対立の勝負事なので、自分は負けてもいいから真実を求め公表したいということができるシステムになっていないからです。このような映画が当然のこととして、なんの物議を醸し出すことなく笑いの中で受け容れられていること自体、弁護士の本音とその行為の実態を観衆は受け容れているという前提が成り立っているのだと思います。また制作者もその実態を大衆が無意識に認めていると知るからこそ、これをストーリーのコンセプトとして定めたのだと思います。

実際に裁判で嘘がまかり通っているとは思いません。しかし裁判とは、結局は人間である判事の判断がすべてです。そして弁護士も検事も、判事の印象が少しでも自分のほうに良く向けられるようにとの思いをもって活動していることは間違いないでしょう。すなわち、意識の裏ではどうやって裁判官や陪審員を説得したり好印象を得たりするかが大きなポイントであり、説得力の勝負の一面があるともいえるのです。勝負への意識抜きでの公平な正しい判断は、そもそも難しいシステムなのです。

説得は間違ったエネルギー

大学などには雄弁会とか弁論部というクラブがあります。この中では、ある問題についてそれを白とする立場と黒とする立場を無作為に割り当て、いかに相手に対して説得力をもった弁論を展開できるかということのトレーニングも行われているようです。

この場合には、真理・真実を得ることとはまったく関係のないエネルギーが消費されてしまいます。プレゼンテーションのスキルを高めるというのなら問題はないのですが、実態はそれにとどまらない場合が多いのです。真実を探求するのではなく、白を黒と思わせる、黒を白と思わせる話法を磨くことになってしまう場合があるということです。

しかし、心得ておきたいことは、私たちにとって重要なことは、決して人を説得することではなく、それぞれが真実を見極める目を養えるように協力し合うことです。特に二十一世紀に生きる人となるためには、自分で自分の真理を見つけられる洞察力、判断力をもつことが不可欠です。常に人に説得されて人の意思で行動していたのでは、そのための〝経験〟ができないのです。

説得とは自分の立場を重視し、人の意思を自分の考えている方向にもっていこうということで、人の自由意思を操作・操縦しようということです。

このことは宇宙の真理を探究している人でもよく分かっていないというのが現状のようです。特に教えを広めよう広めようと説得の限りを尽くし活動をしている人などには、まったく理解不能でしょう。

しかし、私たちに許されるのは人を操縦することではありません。人は肉体という乗り物のパイロットです。人の操縦桿《かん》を勝手に握るのはハイジャックです。

たとえ練習中であれ、自動車免許を取ろうとしている人のハンドルを教習所の教官が握ることもできません。実践という経験なしには上達しないからです。できるのはアドバイスです。

大切なのは情報を正しく伝えて、最後の選択は相手に任せて判断力を養うということです。ヒントとしてのアドバイスを与えている過程で、結果的にその誠意が説得力をもったとしたら、それは大変結構なことです。でも、説得しようという意識には明らかに人をコントロールしようという意識が混在しています。それは自我意識でもあり、人が自分の力で成長できるようにと導く愛の意識ではありません。

これは、この書のテーマのひとつでもある「自己確立」を阻む行為です。

子供の自立を支援する

私たち家族は数年前に東京の北区から隣の区へと引っ越しました。そのときに妻や小学三年生の子供と子供の転校について話す機会がありました。私たちが新しく住むところから、子供が通学している小学校までは都電に乗ってドア・ツー・ドアで40分ぐらいなので、必ずしも転校の必要がないと考えたのでした。

しかし私としては恐れをもたずに新しい環境に入ることに挑戦して欲しかったし、妻も何かと不便が生じるようで、二人とも転校して欲しいことで一致していました。それで私たちは子供に転校を勧めたのですが、子供が抵抗したので私たち夫婦は転校した場合としない場合のメリットとデメリットの情報を公平に子供に伝え、転校するかしないかの判断は子供に任せることにしました。

子供は結構、真剣に悩んでいたようでしたが、しばらくして私が子供に、

「どう、転校するかしないか決めた?」

と聞くと、子供は、

「転校するよ」

と応えたのです。私は、

「そうか、よく決断したね」

と言うと、子供は、

「だって仕方ないでしょ、お母さんが転校しなくちゃいけないって言うんだもん」？？？……

私は妻に「ちょっと約束が違うんじゃない？」

と言いました（妻はちょっと恥ずかしそうな顔をしました）。


子供といえども自由意思があります。子供の人生は子供のものです。本来、親が強制操作することは許されません。

親が子供をコントロールして親の思い通りに操ろうとすると、それが原因で子供は自分の人生は自分で創れないという観念を作ってしまったり、被害者意識をもったりしてしまいます。自分は親の最終了解を得ないと何もできないと思い、常に親の顔をうかがうようになり、知らず知らずに人に依存する生き方を身に付けてしまいます。自分で物事を考え、自分の決断に責任をもつという自己確立への道から離れるのです（周りのことを気にするという日本人の性癖は、これからの子供たちには継がせたくないものです）。

そうではなくて、「自分の親はヒント（情報）はくれても答はくれないんだ」「でもそれは、自分で自分の人生を考え、自分で人生を創造していいということなんだ」「自分は自由という世界に生かされているんだ」「自分の人生は自分の責任において自分が創造していいんだ」という環境、すなわち自由な立場を与え、自分で人生を歩むことを教えることが自立のスタート台です。

そしてこの生き方を進めることでいつか、「知らず知らずに自分の中から回答を得て、自分の人生を自分の足で歩いていた」ことに気づいていくことでしょう。

それなのに多くの親は、無意識に子供を自分の思い通りにコントロールしようとして、子供の自立を阻んでしまいます。

この譬えはたかが転校と思われるかも知れませんが、自己の確立を念頭に物事に対処する姿勢としては大変に大事な許しの姿勢と思います。

人は他人の思い通りにはならない

親子関係だけではなく、友人や恋人との関係、会社での上司と部下の関係から国と国との貿易まで、多くの人間関係に当てはまります。

営業（販売）の職場では、営業部員という立場からよく自分が（商談を）決めたとか、何とかこの話を決めたいという表現をするものです。しかし実際はそうではなくて、決定権はお金を支払う顧客あるのですから決めるのは自分ではなくて顧客なのです。これは自明なことです。

それなのに〝自分が自分が〟という意識が出てしまうのは、営業部員の心に自分を誉められたいというエゴあるからなのですが、社員に対して会社が評価を常に意識させていることがさらにそれに拍車をかけるのです。

営業の仕事は顧客を〝説得〟することではなくて、自分たちの商品を喜んでくれる人がどこにいるのかを探して、彼らにその商品がどういう歓びを生むものかなどの情報を正確に提供し、分かりやすく〝説明〟することなのです。つまりマーケティング力とプレゼンテーション・スキルなのです。そういう意識で仕事をすると、営業という仕事もまんざら辛いものではなくなるのです。ちょっとした意識の変換で、人生は楽しくも辛くもなります。

家庭でも会社でも上下関係を当たり前のように定義し、人を教育・管理するために説得しようとしたりしますが、ここから〝苦しみ〟は始まります。神は人の意識の自立と成長を考え、人の段階から神の意思を直接受け容れて生きることのできる自由意思を与えました。神は人を、他人の思い通りに動くようには創らなかったからです。

労組の委員長の出世

企業の労働組合などでは委員長は、会社側に従業員の賃金を上げさせようとしたり、待遇改善を要求する側のリーダーです。この経験を買って、企業は後に労組の委員長を労務担当者として、労組の要求を出来得る限り抑えようとする会社側の重要ポストに迎えることはよくある話です。しかし、おかしいとは思いませんか？　立場が変わるとコロッと会社側に立ち、会社の言いなりになって出世ラインに乗ってしまうというのは……。

労組の委員長時代に常に真理の声に波長を合わせて行動していれば、そして今でもそうならば、このようなことは決して起きないのです（もっとも労組の委員長経験者を会社側の労務担当の重要ポストに置いて、組合との話し合いをできるだけスムーズで穏やかなものにしたいという動機に基づくものであれば、話はまたすこし別なのですが……。すべての選択において「動機」はもっとも重要なこと）。

立場変われば

「立場変われば何とやら……」とはよく言われます。この言葉が使われる場合には立場が変わったことによって言動も簡単に変えてしまう人を〝やや〟否定的な意識で捉えた言葉だと私は思っています。〝やや〟というのは、世間には「立場が変わったんだから仕方ない」「しょうがないよ」という意識があると思うからです。

私たちはこのような、人がもつエゴを認めてしまう〝情け〟や〝甘え〟という常識がありま す。「自分だって立場が変われば、自分の本音を捨てても同じようにいまの立場に従うだろう」

という思いが、「立場が変わればしょうがない」を常識として肯定しています。

しかし「自分は幸せになりたい」「進化したい」「神の子として生き、できれば宇宙のお役にも立ちたい」という想いが潜在する人のためには、勇気をもって（自分に嘘をつかないで）神聖をもつ本当の自分（良心）としての立場を貫くことをお勧めします。人間とか、民族とか、男とか女とか、企業の一員とかいうことはスピリットや神の子である魂の属性とは何の関係もありません。神とつながり神として生きるには、そういう現象的な立場を理由に本音を曲げて弁解するということはしない生き方を選択しなければなりません。

今までAに属していてBを非難していたのに、次にBに属したらそんなこと言ったっけと嘘吹いたり、詭弁でごまかす人は多いですが、仮に周りの人間はだませても自分だけはどうしても騙せないのです。良心がある限り人は、他人は騙せても自分は騙せないようにできているからです。良心は常に自分の心を観ています。そして良心と少しでもつながりがある限り、現在意識は良心を通して自分の心を知らされる、すなわち良心の呵責《かしゃく》を受けることになるからです。

でも多くの人は、そんな自分を自己欺瞞《ぎまん》で隠し、自分を騙した振りをするのです。本当は自分の動機が正しくないということに気づいているのに。

しかし、この良心に沿って生きるということが進化・成長への最短距離なのです。良心の声を聞いて謙虚に認め、心を洗うということが……。

誰もがこの良心の立場から発動するとき、地球は平和を取り戻すのです。なぜならば、別れてしまった私たちの意識は人の数だけあり、様々の立場を取りますが、分かれている良心の立場はもともとひとつで、今もつながっているのです。そのひとつの動機を絆《きずな》にして、生命活動は愛を元に発動されているからです。

勇気とは何か

立場が変わっても、自分の信ずる発言は変えない方が誠実な生き方です。以前言っていたことが正しいと信ずるのなら、立場が変わり、今の立場でそれを遂行することがたとえ自分には不利であっても、正しいと信ずることを通すほうが神と通じた誠実な生き方なのです。

私たちは愛について書いた本を数多く知っています。また、どれも愛とは何かを的確に述べられず、本当の愛とは何かを教えてくれていないことも知っています。それは致し方のないことです。愛を言葉で述べるなんて本来できることではないからです。

私たちが日常使っている〝勇気〟という言葉も、言葉で表すのは難しいです。しかし、ひとつだけ条件付けていたほうが良いと思う概念があります。

それは、勇気とは火の中に飛び込むことでも、喧嘩に参加することでもないということです。

「勇気とは自分の中からくる良心の声に素直に従う」ということです。勇気をはばむ心――すなわち恐れは、神へと帰還し神と一体になり神とつながることを目的としている人にとって、神聖と対峙する最大の敵なのです。すべての敵は外にあるのではなく、自分の心の中にあるのです。

人は間違ったことをすると良心から呵責《かしゃく》されるわけですが、これは神の心である良心を通じて、魂や自分をサポートしてくれているガイドや、自分のハイヤーセルフやスピリットなどの存在、そして宇宙の存在たちからのエネルギーとしてやってくるものと思われます。

良心とは神が、自分の御許に帰還できるようにと神のシナリオとして書き綴った命綱であり、そして私たちの仕事は忠実に――しかし私たちの誠実でウィットに富んだユニークなアドリブを交えながら――神の意思によって書かれたシナリオに添ってこの役割を演ずることなのです。

そして神の意思とは、「本当の自分」の意思でもあるのです。

［終　章］新しい地球に向けて

BEGINNING

〝光〟の反対側にあるものは何でしょうか？

それは〝闇〟です。しかし果たして闇は存在するのでしょうか？

なぜこのようなことを問うのかというと、私たちは闇を見ることがないのに、さも闇が存在しているかのように思い、語っているからです。

実は、私たちは光を見ることはできても、闇を見ることはできないのです。

光は実在でも、闇は実在ではなく幻想だからです。

闇とは光がない状態を言います。闇がある、のではなくて、光がない状態を〝闇〟と呼んでいるのです。

しかしもしも、この世の四方八方が一日中光で一杯であったら、闇は認識できません。闇を認識できなければ、光があるということも分からないのです。光の存在とその素晴らしさを知るために、幻想としての闇が存在しているともいえるのです。


〝愛〟の反対側にあるものは何でしょうか？

それは〝恐れ〟です。

恐れとは〝自己への執着〟とも言えます。

私たちが死を恐れるとき、経験していない死を恐れるのではなく、私たちがもっている肉体や家族や財産や、平和な日々を失うことを恐れているのです。

私たちは体験していないものに対して明確な恐れを抱くことはできないのです。ですから（前世の記憶から恐れを感じることはあっても）現在意識が明確に死に対して恐れを抱くということはできないのです。

自分が価値を認めたものを無くすことに対する執着心が、死に対する恐れを誘引しているのです。

光のない状態を闇と呼ぶように、愛と恐怖の関係も同じで、恐怖は愛のない状態によって感じる心の状態なのです。

〝光〟が幻想としての〝闇〟を作ることで認識されたように、私たちは〝愛〟を知るために〝恐れ〟を感じることを選択したと考えるのです。愛と反対側にある恐れを体験することによって、より深く愛を知ることができるからです。

そのためにも私たちは一体ではない状態の〝個〟となったのです。私たちが分裂したときに、「私は唯一の生命」として存在していたことを一度、無意識の中に置き忘れることを選択したのです。完全に置き去りにするのではなく、〝無意識〟の中に置いてあるのです。

もしも私たちが「唯一の私」を体現した「自他一体」を初めから〝意識下〟で理解していたとしたら、私たちは元々一体であったということをしっかりと知っていたということになります。これは思いやりの方向、愛の方向を初めからしっかりと向いているということになります。しかしそれでは執着をもち、自他分離の恐怖心を体験する中で、私たちが宇宙の分離以前より愛の深い状態に進化するという環境設定には不充分だったのです。そこで私たちは既に一体であるという記憶を一度忘れる生命を創り、それとつながる必要があったのです。しかしそれは命綱としてそれぞれの中に深く埋め込まれ、いつかそれを思い出すようにと、ＤＮＡにはしっかりと設定されていたと思われるのです。

そのときがまさに〝今〟――21世紀のはじめと考えるのです。

私が思うに、私たちが自分を知るために自らを分割したとき、再び神の元に合一するときは「全体としての私」に成長をもたらすことを約束しました。愛とは反対の方向にある恐怖を経験して、恐怖を超越するという運動の過程で、様々のエネルギーを経験したり、蓄えたり、昇華したりしながら、徐々に自分を思い出し、意識を進化させるという神の計画に同意したのです。

そこで実際に計画を実行するにあたり、恐れを感じるには執着心が必要になります。ものに執着するためにはエネルギーを溜めたり奪ったりしようという欲や、自分だけを守るというエゴが必要でした。

この学びの材料を得るために私たちの原型（アダムとイヴ）はリンゴを食したとも考えられるのです。もしそうであるのならば、それは必然のことだったのです。

そのほかにも私たちは様々な意識をＤＮＡを通じて取り入れてきました。例えば性格の多くはＤＮＡを経由していると考えます。そうでなければ、親子や家族の性格が他人に比べて似ていることの説明がつきません。また、民族がもつ民族性なども遺伝子によって伝えられているという考えには、多くの方が納得されるのではないでしょうか（もちろん、経験によって新たなる意識のエネルギーを作り出したり、これに魂の想いや様々の霊的存在の想いがエネルギーとして関与してきたりして、トータルな人格は形成されるのですが……）。

いずれにしましても、大脳によって働く〝マインド〟などもそうなのですが、三次元の肉体を経由して遺伝子が運んでくる意識は実在とはいい難いのです。

すなわち愛は実在でも（愛は遺伝しない）、遺伝子の作用を大きく受けている恐怖心は作り出された幻想なのです。また愛それ自体には本来、個性はないものと考えます（例えば母性愛は、愛に母性という本能が加味され個性をもったもの）。

愛以外のものの多くは、人間が作り出したエネルギーとしての念や意識です。心にあるこの幻想の意識は様々な意識のエネルギーとして人に取り憑いたりもしています。ですから、悪人であっても、人間が悪なのではなく、悪の霊的存在に心を奪われてその意のままに操られているということです。それを映画で人工知能に比喩したのが「マトリックス」です。

また、人にはいろいろな役割があるので、人を表面的な性格で評価したり、簡単に人を恨んだりしてもいけないし、自分のエゴを嫌って蓋《ふた》をしてもいけないのです。しっかりとそのエネルギーを視る必要があります。

むかし初対面の女性が私に、「私は人格を判断するのに怒りを尺度にしているのよ」と言いました。まだ私が短気な性格であると知らないだろう彼女は私に「本物の人間は怒らないものよ」と言うのです。それでは気の短い私などは本物から遥か遠く離れてしまいます。

私たちは表面的な意識の現れで人を判断しがちですが、人間の意識は本当に複雑で、人間の本質と心の清らかさは必ずしも一致しているとは限らないのです。人間の本質の格が高い人は必ず心も洗われているとは限らないし、逆にきれいな心をもっていると思えても、本質はまだ若い場合があるということです。

人間の本質が自らを高めるためには、本質は清らかな心ではなく最悪の意識環境を選択するかも知れないのです。なぜならば、幸福な家庭や社会環境に生まれる本質が自らを高めるためには、エゴと波長を合わせる肉体環境を選択し、自らの中に同調してくる霊的存在までを引き入れ、自らの中の因縁霊やエゴと戦いながら、自らと地球を清め高める道を選択するかも知れないからです。逆にきれいな心に生まれることとなった本質は、そのハンデ（学び）の設定を家庭環境や身体環境に求め生きることもあると考えられるわけです。

こういった譬えはいくらでも挙げることができるのですが、これは宇宙の秘密の場合が多いと考えられるのです。このような秘密の真理が宇宙には一杯です。

というよりも、真理は本来、そのほとんどが秘密なのです。

なぜならば、学びの環境は一人ひとり異なるからです。それゆえ自分にとっての真理も、他人にとっては真理とならず、自分の真理を他人に伝えると道を誤らせることにもなりかねないのです。ですから、自己を確立させることが必須となるのです。自分の中の真実の扉を開け、自分だけの真理の訪れを待たねばならないのです。

この未知の秘密を観じるには、既知の知識である〝既成概念〟から離れる必要があります。この未知の秘密こそ他人には分からない、自分だけに必要な〝真理〟なのです。それは思考とか知識を駆使して論理で探しても見つからないのです。むしろ思考が止まったときにのみ、それは真理の側から歩み寄ってくるとも言えるのです。

このような性格をもつ真理を、一人ひとりが自分を確立することで自ら理解しながら、新しい地球の秩序は創られていくのだと思います。

おわりに

この本を手にとられた方は少なからず「宇宙の法則」について考えたことのある方か、あるいは「人間が生きるわけ」について思いを馳せたことのある人でしょう。

それは、私たちみんなが一様に受け容れなければならない真理であり、唯一絶対の法則であるとのエネルギーを感じられている方もおられたかもしれません。

確かにそういう一面はあると思います。しかし忘れないでいただきたいことは、所詮人間には宇宙の法則のほんのひとかけらしか計り知ることができないということです。どうせひとかけらしか分からない宇宙の法則であれば、その詳細をあれこれ考え、宇宙の法則はこういうものだという細かい決め事、固定観念、こだわりをつくることは極力避けたいものです。どうしても枠をつくるのであれば、それは〝愛の法則〟という大きな枠組みとしてとらえることをお勧めします。そして必要な詳細情報は、「真実の扉」を自ら開くことで、一人ひとりがそれぞれの真理と出会いながら理解していくことをお勧めします。

実際、その扉の枠（宇宙の法則）の中を注意深くみていると、それは私たち本来の願いと自由となんら反目するものではないことが段々と分かってきます。私たちが扉の中に踏み込めないでいるのは、常識というベールに包まれた外からは、なかなかその自由性を読み取ることができないからです。

本書は宇宙の法則は私たち一人ひとりの真理に対して寛容であり、真理あふれる「真実の扉」の真理を受け容れ自分を生きることが、宇宙の法則と無理なく共存することであるということを綴ったものです。

本文にも書きましたように、本来、私たちの愛はそれぞれ固有のものとして私たち一人ひとりに分配されているものではないのです。愛は遺伝するものではなく、神からそれぞれの愛の器に向けて直接流れているものだからです。つまり、私たちの愛は一なる神の愛そのものなのであり、神の愛も私たち全員の愛も、本来みんな同じ愛なのです。いまこの瞬間も……。私たち一人ひとりが神の愛そのものであり、私たちはすでにひとつなのです。私たちの肉体はこの愛を表現するための衣装であり、社会の生活環境はその舞台なのです。その芝居の役はもちろんのこと、そのテーマすらも忘れて自由奔放に舞台を演じている役者、それが現代人なのです。本来の芝居のコンセプトは「私は愛」であり「私は神」です。すなわち、私たち本来の個々の「自由の秩序」と全体の「宇宙の秩序」は愛の本（もと）で合致しているのです。

さらに考えてみてください。宇宙の法則とは意識の進化を前提としており、意識の進化とは自他一体の愛と調和を育むことです。つまり宇宙の法則は地球社会の法律のような、犯罪を制し秩序を守る目的のような後ろ向きのものではないのです。まして宗教の教義のように教義を守ることそれ自体を目的とした暗いものでもないのです。宇宙の法則の目的は愛と調和を育む、前向きな進化を目的としているのです。

ならば私たちの自由意思が万が一、宇宙の法則の枠を超えて愛と調和を育んでしまったとしても、宇宙の法則の創造主はけっして（法則を超えてしまった）私たちを罰することはないでしょう。それどころか、創造主はきっと私たちに大いなる祝福を贈ることでしょう。

私たちが唯一絶対という動かぬ真理もどきの枠組みに苦しんでいるのは、組織の中の教義という偽の扉を開けてしまったか、あるいは「真実の扉」に気づかずに、実際には扉を開けずにいるからでしょう。

宇宙の法則は愛と進化の法則です。恐れることはありません。新しい地球を開く扉の向こうにあるものは、私たちの愛、私たちの自由そのものなのです。

勇気と愛をもって扉を開ければ、そこには本当の私たちがいくらでも使うことのできる真理が無制限に詰まっているのです。そしてそこに住んでいる愛は、私たち自身の神の愛に他ならないのです。

どうか間もなく実現するだろう新しい地球の建設要員として地球に生まれた方が、〝光の子〟としての役割を思い出し、推進していただくことを願い、おわりの言葉とさせていただきます。

最後に、永年にわたり日々地球の浄化に携わり、出版に際しては多大なる励ましの御言葉をいただきました『宇宙の理』の発行人である城戸宏士さんと、この書の表紙の絵をこころよく提供していただいた、天使の心をもつヒーリング・アーティストのジョン・イアマテオさん、そして日本がもつ役割について日本人以上に教えてくださり、この本の出版の最終決断となるメッセージを（無意識に）いただきましたロッキーマウンテン・ミステリー・スクール（99ページに連絡先あり）のグッドニーさんとローリーさん夫妻に心より感謝申し上げます。

また、コスモ・テン代表の高橋守さん、ギャラップの坂井さん、本庄さん、相澤さんには、私の数々の我がままをお聞き入れいただきましたことに、この場を借りまして篤く御礼を申しあげます。

あなたが幸福になりたいのなら、
あなたがすることはただひとつなのです。
あなたが純粋で無垢な本当のあなたに生まれ変わることなのです。
それはけっして難しいことではありません。
それは既に、あなたの中に存在しているのですから。
あとは勇気をもって、その真実の扉を開ければいいのです。

もうメシアは現れません。
私たち一人ひとりがその役目を果たすのです。
私たち一人ひとりが自分自身のメシアとなるのです。

■ザ・コスモロジー(『宇宙の理』発行元)

〒165-0031　東京都中野区上鷺宮4-6-24
E-メール　support@the-cosmology.com
URL　http://www.the-cosmology.com/
Fax　03-3825-5066
連絡は、書簡かE-メール・Faxにて

扉を開ければ、私の人生——

真実の扉

発行日
2002年2月25日初版

著　者
小金井弘之

編　集
井上　潔

装　幀
相澤靖司
(GALLAP)

表紙アート
ジョン・イアマテオ

発行者
高橋　守

発行元
株式会社　コスモ・テン
〒105-0011
東京都港区芝公園 2-11-17
☎03(5425)6300
FAX 03(5425)6303
http://homepage2.nifty.com/cosmo-ten/
E-mail:cosmo-ten@nifty.com

発売元
太陽出版
〒113-0033
東京都文京区本郷 4-1-14
☎03(3814)0471
FAX 03(3814)2366

印刷
中央精版印刷株式会社

製本
井上製本

万一落丁、乱丁の場合はお取り替えいたします。

ISBN4-87666-080-8

ET地球大作戦

銀河カウンシル作戦本部
＆ゾーブ・ジョー著
大内博訳
四六判上製168ページ
定価（本体1,600円＋税）
ISBN 4-87666-056-5

「あなたはETかもしれない！」

現在の人類の多くは地球外からやってきたETである。

そのDNAには、あらかじめ「今」という地球の変革の時期に目覚めるべくプログラミングが埋め込まれていた。

今や地球は次元の転換を開始し、〝光の王国〟はこの瞬間にも刻々と近づいている……！

地球勤務の諸君は地球に向かって出発する前に、地球が〝光の世界〟に変容するプロセスに参加することを選択した。

作戦要員にしかし地球に永く関わりすぎたため、地球独特の機能障害シンドロームにかかってしまった。

告ぐ！　本書は地上のET諸君が目を覚まし、内部にある本当の情報にアクセスするためのマニュアルである。

TEN BOOKS
コスモのテンブックス

大切なのは心とからだの美しさ